CHAIRMAN

CHAIRMAN

沒試過，怎麼知道你不行！

椅人

椅人（何秉錡）——著

CHAIRMAN

suncolor 三采文化

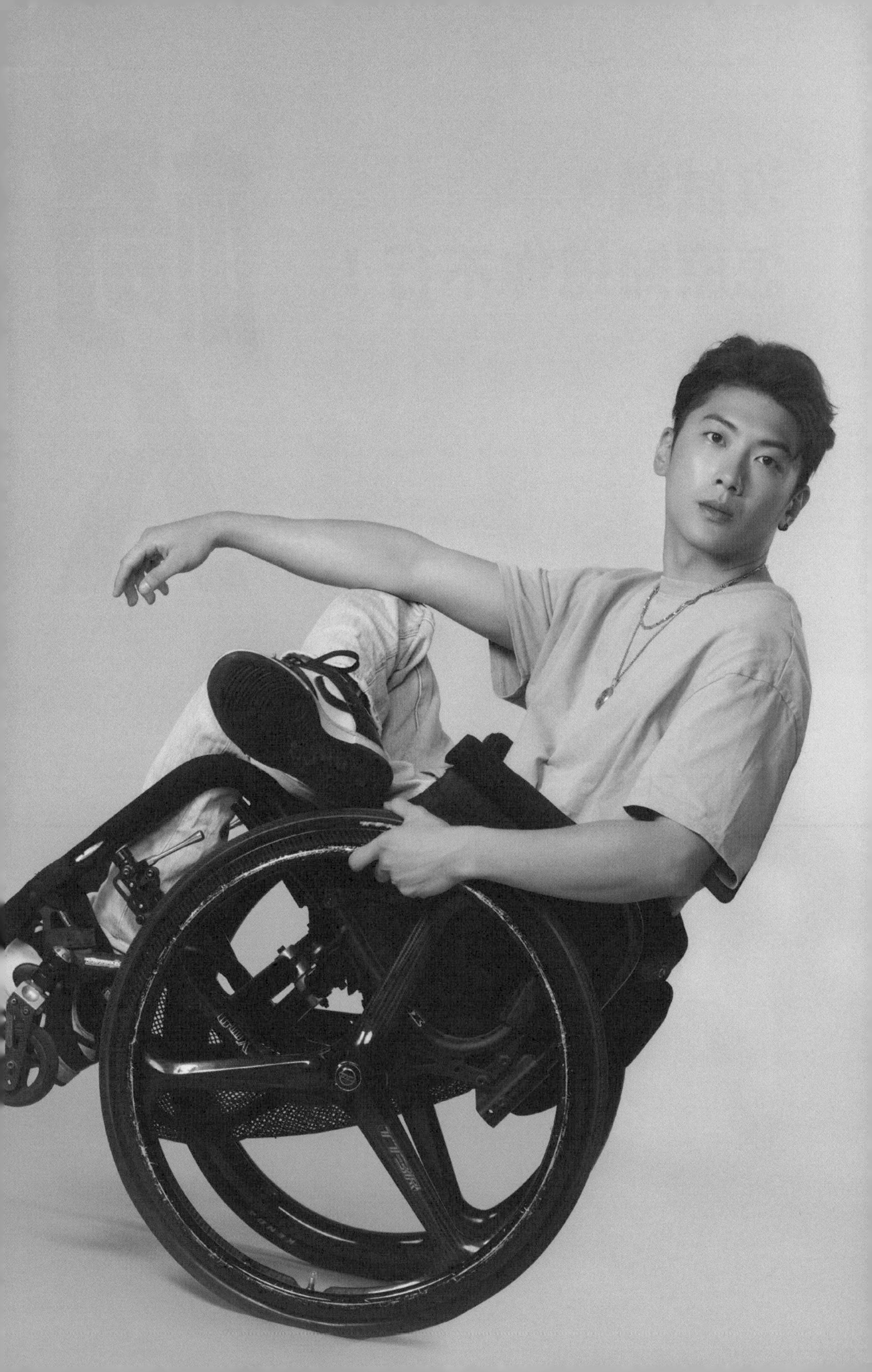

全台大約每二十個人就有一個是身障者，
而這二十個人裡面，又有一個是帥哥，
剛好就是我！

我是何秉錡，aka Chairman 椅人——

Brave、Life、Family、Love

這些代表著我此生的四個字，我將永記於心，

成為接下來的人生信仰——

勇敢、好好生活、愛家人、要有愛。

我要堅強地，為了這四個關鍵字，活下去。

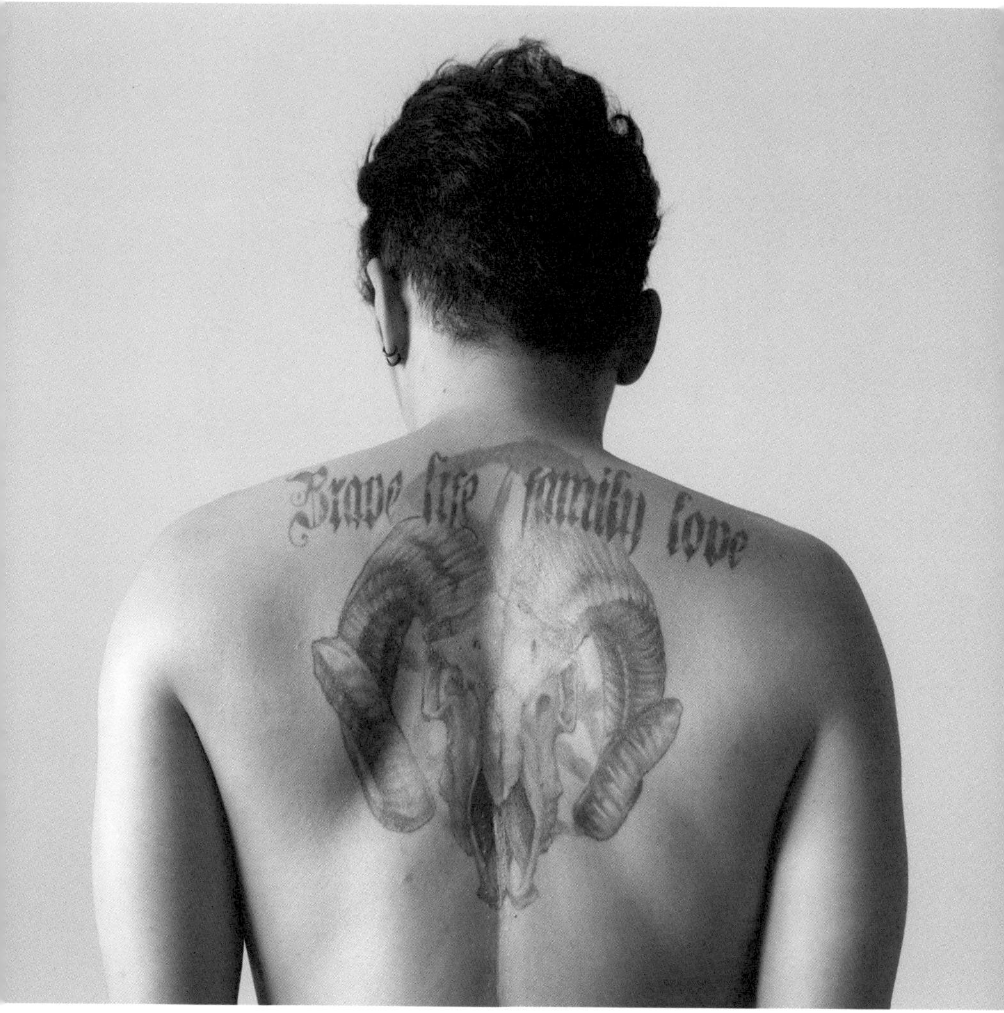

山羊頭骨的最下方，是我脊髓受傷開刀的疤痕。
傷疤與圖案重疊銜接在一起，是終點，也是起點。

所有事情在嘗試之前，成功機率永遠都是0%，做就對了！

就算沒有成功，也能靠自己努力，變成想要的樣子。

因為成功與否也不是絕對的，

成不成功，我都是我。

如果人生是一本三百頁的書，
我覺得，現在寫到第一百頁。
我不一定要達到什麼樣的成就，
但在用盡力氣努力的過程中得到的快樂與滿足，
是最享受的部分。

序

沒有計畫的，才是人生

猜猜看，距離我上次認認真真讀完一整本書是多久以前的事？

答案是，十五年！（好～連我自己都驚訝）

沒想到十五年後，我再次用心面對一本書，是要一段一段打開過往的心與記憶，仔仔細細記下自己的一切，出一本屬於自己的書。

出書是一段很奇妙的奇幻旅程。其實開始當YouTuber的這幾年，一直有出版社找上門，詢問出書的意願與提案。但每一次收到這樣的邀約時，我都婉拒了。朋友問我為什麼？我總說不上來，只知道我覺得自己還不夠格，我還沒準備好，這樣的我還沒達到可以出書的資格，人生的經歷還不夠，總好像還差了一點點。

然而今年收到邀約時，我認真地回看了自己過往的一切，也覺得今年的自己似乎逐漸被大家認識了，好像有了一些社會影響力，接受採訪與報導時總被問說有沒有出書，甚至得知自己的故事真的幫助了一些受困在人生低潮的朋友們。

我終於感覺到，好像真的可以出一本書，把自己的故事完整地說出來分享，讓大家認識影片裡的那個椅人之外，我的內心世界是什麼模樣的。雖然鏡頭下的我看起來很健談，也說過不少自己的事情，但書卻可以詳細地把事件說得更仔細。

影像裡沒能說出口的，文字卻可以坦然地面對，書寫可以把嘴巴說不出來的話，好好地、勇敢地一次說個清楚。

對於那段在醫院昏昏沉沉的日子，我也在出版這本書的過程時，回醫院調了護理記錄。護理記錄是從住院第一天開始，每天都由照顧我的護理師所做的筆記。看著那些護理師記錄下、一日一日的我，有時疼痛、有時身體出狀況、開始復健的狀態等等，每一份代表我的一天，滿滿的快三百頁，這些都是我活下來了的痕跡。

那些人生遇過的黑暗，甚至厭世的低潮期，透過這本書的梳理，好像也逐漸地明亮與清晰了起來。

透過這本書，我想獻給那些正面臨生活困境、覺得自己跌到谷底走不出來的人們。我想對你們說，沒關係，不要著急，你們可以繼續沉淪在深淵裡；但如果你稍微想聽個故事、看點幽默的笑話，或許你可以打開我的書。我沒有通篇大道理，只想分享那段人生黑暗期的時光與經歷。

我不會說你要快點好起來或走出來，我只會說經歷了那些黑暗，只要你願意稍微往外探頭，可能就會看到一點光亮，發現還有好多雙伸向你的手正等著你，慢慢地、一點一滴地，由黑暗轉向光亮。

我也想獻給在人生道路上很徬徨的你，曾經的我也好茫然，覺得將來就是平平淡淡找份工作，或者接續家中事業，安安穩穩做下去，這樣過一生就好了。但小時候聽到的，「明天與意外，永遠不知道誰會先來」這句話是真的，一場意外改變了我的人生，我也終於能在這場人生變故後，張開雙眼雙手，開始用力地「享受」這個世界。

所以，我想跟你們說，不用在意世俗的眼光，不要害怕或擔心未來沒有走在計畫之內，一切照著計畫走就太無聊了啦！就是沒有照著計畫走，這才是人生啊！

椅人　何秉錡

目錄

Part 2

限制都是自己給的，沒試過，怎麼知道你不行？

Part 3

不要叫我生命鬥士，叫我帥哥就好

Part 1

我連大便都不能控制，這種廢人留在世上幹嘛？

我在二〇一五年十二月二十七日、
聖誕節後兩天出了車禍。

我還記得那是個台北市唯一有下雪的冬天，
但我好像連下半生都失去了。

我的人生才正要開始，為什麼一片黑暗？

消失的二十一歲生日

二〇一五年十二月二十七日那天之後，我失去了跨年，失去了農曆新年，失去了我的二十一歲生日。

我還失去了我的下半身。

每一個人都問我，那一天的車禍到底是怎麼發生的？怎麼撞上去的？現場又是怎樣可怕？送醫院是什麼過程、開刀情況又是如何如何……說真的，我什麼都不記得了，一點記憶都沒有。

他們說這個叫做「解離性失憶症」，遇到重大傷害時，人的腦中會自動刪除那段時間；記憶彷彿完全被抽離一樣，就像喝酒斷片。我甚至連那天車子是怎麼撞上的都不記得了，剩下的只有現場監視器、爸媽、警察、醫院的醫師與護理師們拼湊起來的過程。

神奇的是，我全程都是醒著的。

五分鐘以後，我昏睡了一個月

二〇一五年，我二十歲。那年我大二下快結束，就讀世新大學財務金融學系，喜歡打籃球也參加了系隊，喜歡交朋友。雖然家就在台北，但我想要自由自在的生活，所以考上世新沒多久，我受不了通勤的距離，搬進了朋友在學校附近的租屋處。而我也想要有經濟自主的能力，就在租屋處附近的碧潭風景區打工。

十二月二十六日，前一晚媽媽打電話來說想看看我、要我回家吃飯，於是我騎著機車回到天母的家。隔天一大早，大概是早上的八、九點左右，我就準備出門。

十二月二十七日那天是星期天，一早下了好大的雨，但我無所謂，騎一下子就可以從天母到新店了。於是我穿上雨衣、騎上機車，準備趕上班打卡。路上，雨勢很大，車子不算多，我在腦海裡計算著路線與等下要做的事。

想這些事情不到五分鐘，就在離家裡不遠處，就在我最熟悉的中山北路六段、士東國小對面，一輛汽車快速切到外車道。而我的機車直行在外車道，完全來不及減速與閃避，便直直迎面撞上那臺車。

正面碰撞讓我跟我的車子整個分離、彈了開來，機車因為被撞飛而轉了好幾圈，飛到了遠方。而我，因為過大的撞擊力，在被撞擊拋開後，再攔腰撞上一旁停在路邊的汽車，接著才落地。

雨很大、現場很亂，我因為全身穿著雨衣，幾乎一點外傷都沒有，只有右額眉毛前和下巴有一點擦傷。

後來，警察來了，救護車也來了，我被固定住抬上擔架送進救護車內。很快地，我被送進了榮總急診室。

爸媽在一小時內就接到電話，趕到醫院急診室。媽媽說，我全程意識清楚，沒有陷入昏迷也沒有吵著說想睡覺，只是不斷跟她說：

「媽，我好痛……。」

「媽，我怎麼腳沒感覺？」

「怎麼這麼痛？」

「怎麼這麼慢？」

「好痛喔……，怎麼這麼痛！」

「我到底怎麼了？」

「我好痛！真的好痛！」

「怎麼這麼慢？」

那天是假日，醫院的急診室只有骨科醫生。從出車禍送進醫院急診室，再到下午才進開刀房，時間不知道經過了多久。直到天黑，我才從恢復室裡被推出來，進入病房觀察。

記不得是晚上什麼時候了，我慢慢醒來，身邊都是人。高中最要好的死黨都來了。有人看著我說話、有人默默在後面哭，他們交頭接耳地低聲說話。或許是聽不太到，又或者是聽不太懂，我斷斷續續地說話、回應，記憶其實很模糊。

醫生來過、護理師來過，媽媽說了一些什麼、同學也跟我說了一些什麼，我又再睡著了好幾次。

在受傷的前面一個月，我的記憶大多都斷斷續續的，不太有什麼印象。媽媽說，那時候因為我傷到神經，開刀的傷口非常地痛，為了止痛，持續施打醫用嗎啡。嗎啡讓我經常處於昏睡與半夢半醒之間的狀態，所以記憶近乎模糊。

被抹去的意識、被改變的人生

我在十二月二十七日、聖誕節後兩天出了車禍。

待在醫院十七樓的那段日子，意識像被一刀剪斷，然後用橡皮擦那樣塗塗擦擦，有些模糊又有一點痕跡。我睡了又醒、醒了又睡，日子持續不斷在前進著。

爸爸說，很多人聽到消息都趕到醫院來看我，但是我都不太記得了。等我稍微有一點思考能力之後，不知不覺，已經是三個月以後的事情了。

而我逐漸意識到，這段時間裡，我失去了那年的跨年，失去了農曆新年，失去了我的二十一歲生日。

但是那個時候，我還沒能完全地明白過來，我好像連下半身都失去了。

我還記得，那是個台北市唯一有下雪的冬天。但失去了下半身，
那又是什麼意思？

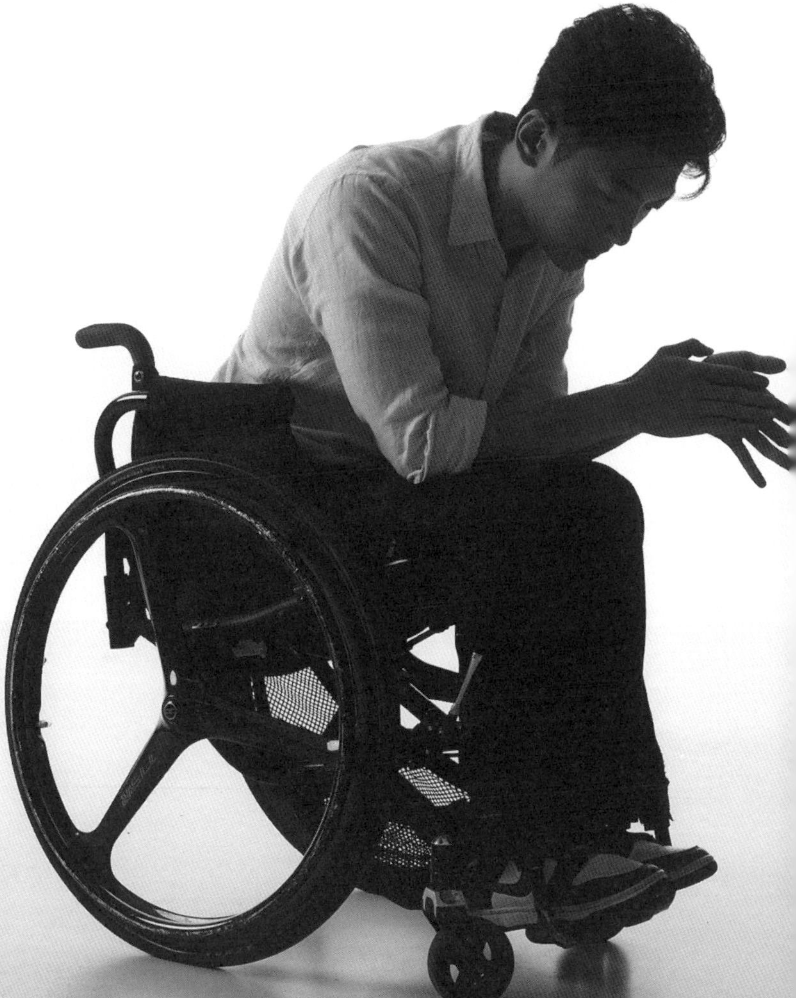

二十歲的我，在眾人面前失禁了

你有沒有遇過，那種在眾人面前羞愧到真的「只想找個洞鑽下去」的情況嗎？我有。

受傷後，我才真的體會這句話到底是什麼意思。

我在手術後，醫生評估是脊髓損傷，這一場車禍造成我胸椎九、十節脊髓損傷，對應外顯的狀態就是下半身失去知覺。

下半身失去知覺是什麼樣的感覺？人體的運作是靠大腦下達指

令，傳輸給指定位置活動。車禍之後，我大概知道因為受傷影響了我下半身的知覺與動作，但我的大腦卻還沒能明白。

我常常想著要移動一下雙腳，試著動動腳趾頭。每次當我這樣想的時候，低頭看著雙腳，腳趾頭卻一動也不動，但我明明已經用盡全力要使它移動。

像是頭腦跟身體分離一樣，我以為我的腳動了，但是卻沒有，就這樣奇怪地運作著。

另外，每當我這樣想要動動腳的時候，腳趾就會傳來一陣又一陣的酸麻與刺痛；這種刺痛伴隨著想法，想法越強烈，刺痛也就會更明顯。一開始感受到那種刺痛，我以為刺痛後就會伴隨著腳動。

但我的雙腳，一動也不動，連一根腳趾頭的輕微搖動都沒有。

為什麼？

沒有盡頭的日子

關於脊髓損傷，醫生說，脊髓損傷術後的三個月是黃金期，可以透過規劃性的復健來修復脊髓剩餘存留的功能。於是，我在車禍開刀後的第八天開始復健。

車禍之後，媽媽停止了在家裡協助爸爸公司事務的工作，全心投入來醫院照顧我、幫我復健的生活。我其實心裡很感激媽媽，但情緒與嘴巴就是管不住，每當身體覺得超痛、對生活感到超無聊時，我就會跟媽媽吵架、對她發脾氣。

「做這個一點進度都沒有！」

「做這個到底要幹嘛！」

「我不想做了！」

「做這個超無聊的！」

有時候，媽媽會氣到離開醫院，不跟我講話。但她不會完全拋下我。在這種時候，會換爸爸來照顧我。

復健是一件非常無聊且痛苦的事情。我們每天在指定的時間前往復健室，上午、下午各三小時，在治療師評估的適用器材前面展開各自的復健治療。

我需要在一個陌生的機器上，雙手使盡全身力氣地撐住身體，然後做著一模一樣的事情，重複一遍又一遍。

有時候，覺得時間已經過了好久好久，但看看時鐘，其實也才過了一分鐘而已。

沒有進展、沒有時間感，也毫無所謂成就感的動作，讓人無聊到近乎崩潰。

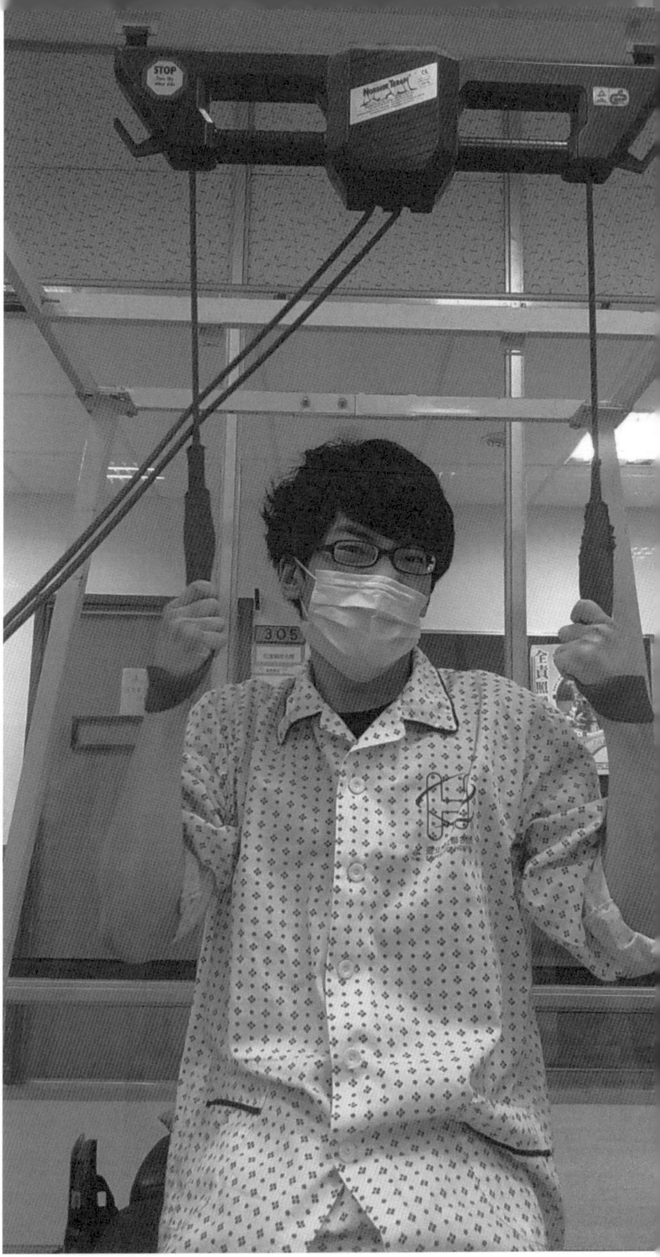
STOP
305

看不見盡頭的重複動作，
沒有時間感與成就感的過程，
難道，我一輩子就是這樣了？

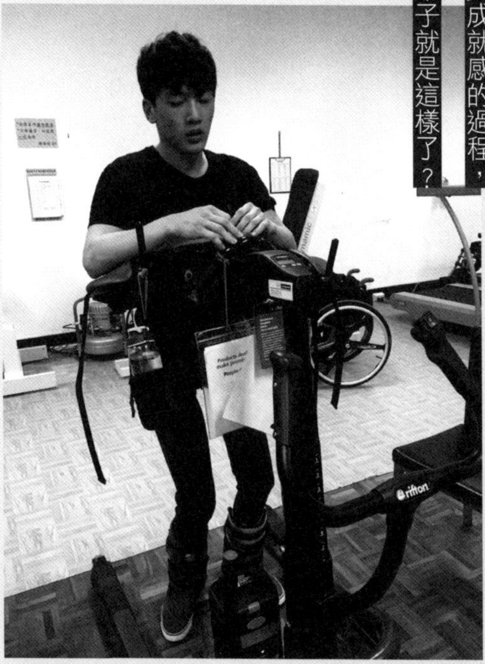

我只想逃離現場

我永遠不會忘記第一次的下床復健。

那時，因為前期開刀完的傷口要癒合，我已經躺在病床上好一陣子了，所以第一次下床的復健動作是要站上傾斜床（當然不是真的站，是以身體被架在床上的方式）。

我記得那天是爸爸陪著我去復健的。在人來人往、許多傷友與家屬的復健室裡，正當我的身體被固定好，床緩緩升起，讓我身體傾斜起來的時候，我突然聞到了一股大便的味道。接著，我發現我的褲子濕了……。

沒錯！我拉屎在自己的褲子上，完全沒有預兆，過程也沒有任何感覺，褐黃色就在淡藍色的病褲上散了開來，氣味也是。大便順著寬鬆的褲管滑落到了地上。我整個人非常不知所措，尷尬到了極點。

我和我爸對看了大概十秒鐘，他才去尋求幫助。物理治療師看到這個情況，默默地停止了傾斜床。我只記得她淡淡說了一句：「沒事啦，這很正常的。」把我放下來後，她拿了幾件大毛巾就默默地飄走了，留下我跟我爸爸在現場善後。

也因為那是個人人都可以任意走動，大家都在進行復健的空間，我只覺得大家的目光瞬間便投射到自己身上。那時的我只意識到：「這怎麼可能會沒事，我在那麼多人面前直接拉屎在褲子上耶，什麼叫做沒事！」覺得尷尬丟臉至極！

當下的我真的只想找個洞鑽進去，趕快離開那個地方，卻做不到，我……走不了。坐回到輪椅上、不知道該怎麼辦的我，只能眼睜睜看著爸爸屈膝幫我善後。我又羞又崩潰又無助又沮喪，真的超級無奈又非常丟臉。

好不容易清理完現場，爸爸推著我回到病房，還要經歷清洗身體、換掉整套衣服，連輪椅也要再擦拭過一遍。

躺回了病床上，我就這樣一路躺到半夜。我完全說不出任何一句話，也不想說，不管他們問什麼、說什麼、分享什麼，我一個字都不想搭理。

夜裡，醫院那種昏暗不明的環境與偶爾傳來的護理師推車聲響，格外刺耳。冷氣極冷，跟我的心一樣。

我想著今天發生的一切。

「難道醫生說的是真的？我的下半身再也不能動了，對不對？」

我想著今天幫我收拾殘局的爸爸，平常在工作場域上是意氣風發的老闆，處理事情有條有理的生意人，此時卻要忍受眾人異樣的目光，為我把屎把尿。我連大小便都沒辦法控制，甚至幫忙收拾的能力也沒有。

我的下半生，難道就這樣了？

人生的另一頭，是黑暗

那一夜，我哭了，臉頰默默地流下了兩行淚。

我感受到的不是難過、沮喪，而是對人生的絕望。躺在病床上看著天花板的我，眼淚不停地流；嘴巴張開，但是我哭不出聲，也不敢哭出聲。

我想著，到底為什麼事情會變成這樣？

「我又不是做了什麼壞事，為什麼要接受這樣的懲罰。」

「為什麼遇到這種事情的人是我？」

「身邊的大家都過著正常的生活，為什麼我卻要受這種罪？」

「我怎麼不乾脆車禍的時候就直接死一死算了？」

「我的人生到底怎麼了？」

為什麼老天爺要這樣對待我？我好不容易考上大學，再過幾年就要出社會了，可以自己賺錢，過自己想要的人生、做自己想做的事，甚至可以不再需要依靠家裡的經濟支援。但現在的我卻成了家裡的累贅，不但如此，我甚至讓爸媽在眾人面前丟臉。

二十一歲，他們辛辛苦苦地養我到現在，一切不都白費了嗎？

我的人生明明才正要開始，為什麼卻掉進了深淵？

對不起，你們放棄我再生一個小孩好不好？

在最沮喪的那天過後，我絕望到萌生出想放棄自己的念頭，甚至跟我爸媽說：「你們再生一個小孩好嗎？」

繼續回憶我的受傷歷程前，我想先說說我的爸爸媽媽。

我生長在一個很和樂的家庭，爸爸開了一間木作門窗、地板、門鎖的公司，而媽媽就在公司幫忙。爸爸經營的是小公司，但他穩紮穩打、腳踏實地，因此我從小生長在被稱為「小康」環境的家庭。

他們只有我一個小孩。爸爸是個內斂的人，平常比較不多說心裡的話；媽媽是個喜歡跟人聊天、樂於分享的人，有時候，我跟媽媽鬥嘴，也覺得很好玩。

但其實我不算是一個乖小孩，甚至對老師來說應該是個麻煩人物，行為、思考都有點特立獨行，或者說有點任性。

小六的時候，我有一次聽媽媽跟朋友在聊天，聊著聊著，媽媽就說：「其實我教育兒子很開放，如果說我兒子下課要去圖書館自習，我覺得也可以。」當下聽完，我就認真了。

隔沒幾天，我不想去安親班，放學後就跟來接我的老師說：「我媽說我可以自己去圖書館讀書。」就自己去了圖書館自習。安親班的總導師找不到我，打給我媽找人。媽媽找到我時又好氣又好笑，畢竟是她自己說可以的，也沒什麼資格大發雷霆（雖然還是有）。

叛逆的青春期

上了國中後，我要求要住校，因為這樣就可以脫離父母的管教，隨心所欲過日子。但也僅僅維持了兩年，我就因為一些事情轉回家裡附近的國中。到了高中，我也越來越叛逆。有一次，媽媽跟我吵架，她氣到爆炸的時候說：「你給我滾出去！」我就真的滾出去了。那是我第一次離家出走。

那段時間，我住在高中死黨家裡，白天還是正常去學校上學，晚上就回朋友家打電動。後來，爸爸打給我問我在哪裡、不要讓媽媽擔心，我才回了家。記憶中，我逃家了兩、三次。

我很不喜歡學校無止境的考試，覺得自己被困在教室裡很無聊。也討厭早自習，不喜歡每堂課都要考試的機制，一拿到考卷我就往後丟，更不想去上課，經常性地晚到。我就讀中正高中的高二時，因為成績太混被留級，最後高中讀了四年，都沒有拿到畢業證書。

原來，他們從未放棄我

我的記憶中，爸爸打過我一次。

那次是跟媽媽吵架，我越吵越氣、越氣越止不住怒火，開始出言頂撞媽媽，對她惡言相向。平常對於我跟媽媽吵架都不太出聲的爸爸，那次聽到就火了，他衝過來壓住我，抓著我說：「你怎麼可以這樣對你媽說話？你要道歉！」

出車禍之前，我是個非常任性的小孩，最常做的事就是先斬後奏，當一個隨心所欲的孩子。家裡因為只有我一個孩子，跟爸媽吵架幾乎都是一對二，我常常覺得孤單，要一個人對付兩個人。所以成長過程時，我一直覺得朋友比較重要，只想跟朋友玩；跟朋友偷騎車出去，跟朋友聊天打屁，都比待在家快樂多了……。

受傷後，我在他們面前打回原形，變成一個什麼都做不了的殘廢。我沮喪、厭世，對這個世界充滿絕望，討厭這個世界，每天過著沒有靈魂的機器人生活。

直到有一天，我在崩潰邊緣，實在快受不了，我跟爸爸媽媽說：「拜託你們再生一個小孩好不好？我現在已經成為一個廢人了！你們照顧了我那麼久，長到現在，對我的付出都白費了，現在可能還要再繼續照顧我下半輩子。求求你們再生一個吧！不要寄望我了！」

我永遠記得那一天，我說完以後，爸爸媽媽的神情。媽媽哭了出來，拍了拍我，說：「神經病喔！又生不出來。但不管怎樣，你永遠都是我們的寶貝。」爸爸也在旁邊微笑地點點頭。

那種自然流露出的氣氛，是一種你知道他們從來沒這樣想過，也從來都沒覺得養到我這樣麻煩小孩、遭遇這種重大變故「是一種負擔」的篤定。

他們從來、從未想要放棄我！

無條件的愛，孕育更大的力量

當下，我的嘴角忍不住微微地揚起，想著：媽！我很認真跟你們說這件事，妳只在意妳生不生得出來？好啦，開個玩笑，雖然我是笑著的，心裡卻不停地流淚，很捨不得、也很心疼地流著淚。

我一面笑笑的，突然間，整個人清醒了過來——我終於真正看清楚這一切了。

我很慶幸眼前這兩人是我的爸爸媽媽，也終於明白「家人」的定義是什麼——**就是不管再怎麼樣壞、再怎麼樣糟，他們都會是我一切一切的後盾**。在我無助、絕望，人生看似一片黑暗時，一回頭，都能看到媽媽爸爸的身影站在後面陪著我。

回過頭，我才發現眼前的他們，怎麼在短短這段日子憔悴了這麼多、老了這麼多？我想著媽媽這段日子以來，幾乎沒日沒夜、二十四小時堅持不請看護地陪在我身邊，忍受著我的壞脾氣照顧我，透過與各個傷友家屬談話聊天，交換有可能康復的療程與經驗。

爸爸則是在每天的上班前會買早餐來陪我們吃，接著白天一個人處理上班的所有事務，下了班又立刻買晚餐來醫院，直到凌晨才不捨地回家。除此之外，他還為了我找了各式各樣的醫療文獻、治療資訊，一點機會都不放過。另一方面，還要為了車禍的官司四處奔波，與律師討論諮詢。

世上真的有無悔的愛與支持

他們忍受我的無理與無禮，承受我的一切喜怒哀樂，當我悲傷痛苦，他們在一旁也會跟著難過傷心；當我自暴自棄，完全想與世隔絕，他們等在一旁逗我笑，要我吃飯、好好復健；當我復健時在眾人面前失禁、出糗，他們也毫無怨悔地處理一切的難堪並收拾殘局。

世界上再也不會有人像他們一樣，無條件地、始終溫柔地看著我，永遠張開雙手承接我。

我深深相信，他們給我最無比強大的愛，生出的是另一股強大的力量。這股力量足以讓我可以正面、突破黑暗、慢慢走出來。我也相信正是這股力量，讓我在面臨人生這麼嚴重改變後，一次都沒有想過要了結生命。

無悔的陪伴是最直接、最好的愛。回顧我的身邊，愛我的人真的很多，那些來醫院陪伴我的親戚、朋友，是你們讓我知道，世界上愛我的人還有很多很多，我要為了你們好好振作，謝謝你們！

別人怎麼安慰、怎麼幫我，我也要有那份想往上的動力，他們才會從難過的氛圍裡走出來。

我也要有那份想往上的動力，
他們才會從難過的氛圍裡走出來。

隔壁走著出院的傷友，帶來了一點光

車禍開刀之後，我從十七樓住進了神經復健科的病房。病房是兩個人一間，而和我第一個同房的傷友一樣，是個車禍入院的人，也是年輕人，同樣也是脊髓損傷問題。當時，他的狀況也是慘兮兮，家人一片愁雲慘霧的，他也笑容極少。

為了把握黃金修復期，我在車禍開刀後沒幾天就開始復健。同樣地，我的室友也展開相同的復健日常。

室友帶來的希望

照顧時期經常是媽媽陪伴我，偶爾媽媽累了就換爸爸來。那段時間的我脾氣很差，經常動不動就不爽、生氣。媽媽承受著我無謂的情緒與脾氣，有時候像是拌嘴一樣地跟我吵；有時候，她默默地繼續協助我，堅持帶著我去復健。我知道，她心裡也很苦很難受，可是我內心也慌得很。

隔壁的室友則是由爸爸照顧。後來輾轉才知道，室友的爸爸媽媽從小就分開，媽媽改嫁到日本去，把他留給爺爺奶奶照顧。但在室友出車禍這段期間，爸爸意外現身，開始照顧他。

有時，從旁觀察他們也覺得有趣。他們客氣、近乎到客套的相處距離，就像一對很不熟的朋友，卻要把屎把尿、夜晚陪睡、整天陪伴復健地超親密相處。

他們不熟，卻又很熟。

爸爸突然要近距離跟孩子相處，要處理他的所有大小事；室友不像我脾氣那麼差，跟爸爸互動是客客氣氣的，他們之間的距離又近又遠。後來也聽說，就在室友出院以後，爸爸又離開他，父子再次形同陌路。

我其實並沒有那麼想窺探其他人的隱私或八卦，但媽媽是一種神奇的生物，總會在無聊、陌生的世界裡，找到同溫層、找到可以「關愛」的聊天對象，一點一滴地聊出對方的人生，然後再回過頭來繼續處理我的壞脾氣。

這段無聊的復健生活、嘗試各式各樣可能療法的期間，卻意外地從隔壁床的室友得到了一點點的光芒。

再等一等，我就會恢復了吧？

跟我一樣都是車禍入院、脊髓損傷的室友，在一個月的復健期間內，很明顯地有了起色。他告訴我，可以用盡全力想像腳趾頭在動，可能慢慢地腳趾頭就會動了也不一定。我自己試了又試、試了再試，腳趾頭卻還是一動也不動，只換來一陣陣的麻與酸。

在這些枯燥且反覆的日子裡，我只是好想知道，我的腿什麼時候可以稍微動一下？

但室友卻不是這樣。他試了又試，兩、三天後，腳趾頭真的動了起來。動的瞬間，不光是他跟他爸，連我跟我媽都真心替他高興。再隔幾天，他的腳掌可以動了；再幾天，膝蓋以下可以動作。過沒多久，他可以在輪椅上移動腳，甚至可以慢慢用腳推動輪椅。又過了一陣子，他已經開始練習站立，緩緩地從一步一步到逐漸可以走上兩、三步，甚至慢慢地進步到不用輔具就可以跨出步伐。

看著他每天、每天明顯的進步，我與媽媽又好像出現了一點點的希望。一個多月之後，室友在沒人攙扶的狀態之下，走著出院了。

第一個室友的「奇蹟」（可以這麼說嗎？）給了我與爸爸媽媽一線希望。即使不用像他一樣這麼快有奇蹟發生，但我至少可以再撐一下下、至少可以再努力試著復健，或許我最終也可以像他一樣，走著離開醫院？

我那時候也燃起了一些希望與曙光——我只是比室友慢了一點點，只要再多努力一下，再養傷一下子，就像感冒、骨折一樣，過一陣子，我就會好了，是這樣吧？

那些回想起來荒腔走板的療法，我卻什麼都嘗試了

藉由爸爸媽媽一起陪伴的力量，也在前一個室友「走出醫院」的經驗裡看到了希望，雖然復健窮極無聊、雖然每天都在做一模一樣的事情，但我還是去做了。

不知道大家有沒有這樣的經驗，一遇到醫療事件發生時，通常所有的親戚，甚至久久不見的朋友的朋友，都會出現或者輾轉給出一些「絕對有效」的獨門祕方。

我在經歷這樣重大的受傷後，各式各樣的獨門絕招、某某親戚朋友試過的祕方、藉由宗教的儀式、吃些什麼藥等等祕技，果然紛紛找上門來。

受傷住院期間，我其實是很抗拒那些不熟識的人來探望。我覺得在自己狀態不好的狀況下，被不熟悉的人關懷都讓我渾身不自在。但我也知道，這些通通都是好意。

因為在黃金修復期內，我們想要把握一絲絲可能的機會；也因為或許想要讓爸媽安心，於是我們陸續展開一些特別的「治療旅程」。

從去宮廟拜拜變成在病房「受洗」？

從小，我跟爸爸媽媽都是信奉道教。我們的信仰中心是天母的三玉宮，逢年過節都會到廟內拜拜祈福。但受傷後，第一次開始「體驗」各種治療，是三姑婆來醫院幫我「受洗」。

我記得那天，從小就很疼愛爸爸、把爸爸當成自己小孩的三姑婆來了醫院，身後是一群不認識的兄弟姊妹。他們用臉盆端了一盆聖水，就在醫院裡開始為我受洗。

他們一群人在醫院的灰冷色調搭配白牆的病房裡，輕聲唱著詩歌。歌聲迴盪之際，他們將一點一點的聖水灑在我的身上，一面低喃著祝禱，期望藉由宗教與信仰的力量，多幫助我一點，希望主耶穌能夠展現出一些些奇蹟。即使我不信奉他們的宗教信仰，但在那當下，我也好希望他們的神能夠保佑我，讓我好起來。

雖然出院之後，我們還是會去三玉宮拜拜，但至少在受洗的當下，我與爸爸媽媽深深相信，只要夠虔誠，應該還是有希望的。

除了受洗之外，家附近從小看到大的中醫陳醫師也來關心病況。他知道我受傷之後，也很快安排了時間來看我，甚至免費為我針灸、電療。連陳醫師也說多試試看幾次，或許還會有一絲希望。

試過總比沒試的好，但是——

此外，我們更嘗試過一些現在想起來都覺得有點荒謬的方法，例如自費看診一次要兩千元的中醫診所、使用神經棒刺激神經生長……也去找了大家口中的名醫，試過各種以針灸、中藥相輔相成的療法。

對了，甚至還請了師父來醫院裡對我施法；他們說那個叫做「祭改」，說不定改一改以後就會變好。我記得那位師父來到病房，開始對我全身拍打，輕輕拍、輕輕按壓再推按；他不斷打嗝，再推拍、再打嗝、再揉捏，繼續反覆動作……師父說，他不是在按摩，是在將我體內不好的東西、不好的運、病氣，藉由這樣的推按通通排出體外。

還有一次是透過傷友輾轉聽說了某種神奇藥粉，傳說具有吃了會促進血液循環的療效。吃完後，我只覺得全身熱到不行，的確是大大促進了血液循環，我在床上漲紅了半小時、熱到爆，整個人像一隻燙熟的蝦子，回想起來還挺幽默的。

另外更有中藥泡腳、高壓氧、靜脈雷射、各類補充液、各種難喝到爆炸的中藥、營養液、食療、食補等等，我跟爸媽就是抱持著試過總比沒試好，什麼都嘗試吧！

但，我的腳，卻一樣動也不動。

以後，我只能包尿布了嗎？

在醫院的日子，總是一直不斷在復健。

回想起那段時間，真的覺得超級煎熬又超級挫折。遭遇過那次「在眾人面前失禁」的經歷後，即使再難堪、再丟臉，我都還是會被拖去復健。那種伴隨著又羞愧、又對家人抱歉，更對自己灰心至極、渾渾噩噩的日子，變得格外煎熬。

除了看不見盡頭的無聊動作之外，腳幾乎都沒有給出任何一點反應與回饋，要說是煎熬，我更覺得是挫折。

我從一個喜歡打籃球、跟朋友出去玩、很愛自由的人，變成一個什麼都不能自己做的人，幾乎什麼都做不到，要家人幫我把屎把尿、穿衣服、洗澡，就連最簡單的移動也辦不到。

所有的一切都是一種新的接觸，感覺既熟悉又陌生，也很可怕，就像瞬間將一個人從好手好腳的成年人又變回小嬰兒一樣。這是一種心智上、腦袋裡以為自己知道怎麼做，卻沒辦法做到，那種頭腦與身體分離的狀態、完全無能為力的無助感，讓我困惑了好久。

不受控的身體，又一次的打擊

復健的日子中，完全沒感受到腿的進步，但手的進化倒是很明顯。我在復健過程逐漸感受到手部的力氣、力道的不同與進步，也逐漸可以用手撐起自己全身。現在雖然說來輕鬆，但是一開始要撐住身

失去腿部力量，
我學著用手撐起自己。

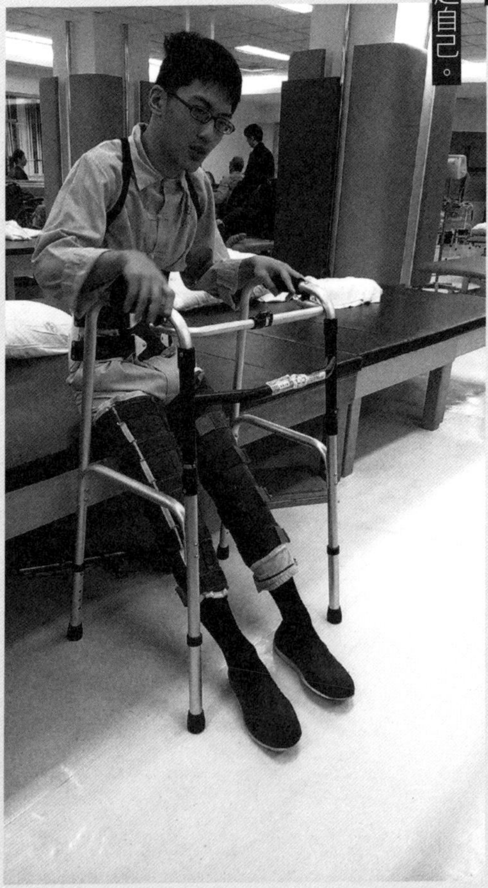

體時，也是花了好久時間的「練習」。

大家如果想要體驗看看，可以試著把雙腿抬起來、完全不用雙腿的力氣，只用手把自己從椅子上撐起來，移到另一張椅子上，試過後就知道那種感受與困難度。

在醫院的日子就做著這些所謂的復健功課，過著只要有一點點進步的感覺，就會帶來一絲快樂的生活。

在每天復健找奇蹟的過程中，我要讓身體逐漸恢復運作。車禍後的三個月左右，我拔了尿管，開始學習自己導尿、自主排尿的生活。因為我並不會有尿意，所以需要定時、有意識地去排尿。

但，人的身體在脆弱的時候，就特別容易引來很多併發症。就在開始自己導尿排尿的那段時間裡，我得了A流。

當時，A流還屬於危險性極高的傳染病，我被送進了隔離室裡頭。那段時間我停止復健，身體一直反覆發燒、退燒，持續施打抗生素。直到病情稍微好轉後，才被轉出隔離病房，回到普通病房。

當我以為終於度過了煎熬的併發症狀，沒想到就在回到普通病房的那天下午，我坐在輪椅上，突然發現整件褲子都濕了……X！我漏尿了！

原本正常是約莫三、四小時進行一次導尿的節奏，現在身體卻突然不受控了，這是怎麼一回事？經過醫生診斷之後才知道，我的身體在經歷過A流後，膀胱受到莫名的壓力躁動，因此出現了不可控制的排放尿液狀態。

對於這個突如其來、又一個無法控制的情況，我非常非常煩躁與沮喪，也超級崩潰。除了下半身復健一直沒有起色之外，到底還會有多少不可預期的難堪情況出現？同時，我也非常焦慮，不知道自己什麼時候又會再尿出來。

重點是，已經不能夠根據節奏來推敲需要的排尿時間，我根本沒有尿意，也無法得知什麼時候會突然又尿出來，唯一的解決方式就是穿尿布。但就算穿了尿布，我也不知道什麼時候要更換，只能一直不斷確認尿布狀態。

另外，伴隨而來的瑣碎跟麻煩，就是一直出現尿布疹，我還得要天天擦藥解決皮膚問題。在醫院的日子可以隨時更換，以後我要回到社會上過正常生活時、外出時要怎麼辦？有時可能不到一、兩個小時尿布就會吸飽、就得更換，我是不是連看場電影都不行了？

究竟，還有多少不可預期的打擊？

對了，A流之後，我的腳還面臨了「張力」的現象，外顯症狀就是「肌肉不自主的痙攣」。例如我躺下讓雙腿伸直的瞬間，兩腿會出現強烈的抖動，大約持續五至十秒左右才會停止。

這個稱之為「張力」的肌肉痙攣狀態，是因為肌肉張力過強、產生不自主的收縮抖動，這類現象若是嚴重的話，還會引發肌肉短縮與關節變形。

其實受傷後，除了漏尿、張力問題之外，更伴隨很多後遺症：濕疹、壓瘡、性功能障礙、神經痛麻、ＡＤ自主神經異常反射、呼吸障礙、體溫調解障礙、肥胖等問題都有可能出現。

無法預知的身體狀況一件又一件接踵而來，解決完了一項，沒多久又有新麻煩要面對。我真的好想知道，到底還有多少未知的打擊要面對？

Column

椅人360度
無礙搜查隊

永遠充滿「驚喜」的無障礙廁所

你有遇過急著想上廁所，卻沒地方可上、廁所被鎖起來、充滿垃圾，或者廁所髒到一個光聞就很想嘔吐的境界嗎？不好意思，這些都是輪椅族最常遇到的鳥事！

不知道為什麼，台灣的無障礙廁所永遠都是最髒、使用最麻煩的一間。提到廁所，我真心有一籮筐的荒謬事可以分享，有些光用想的就覺得不可思議到爆。

坐輪椅的我們，只能尿褲子？

首先，最常見設置在公共場所的無障礙廁所，推拉門常常卡住就算了，有時候還會被鎖起來。我還遇過整間廁所被管理者當成倉庫來使用。有些則是只把原本的兩間廁所打通、拆掉一個馬桶、裝上拉門，就說是無障礙廁所，難道輪椅族上廁所的隱私就該被剝奪？也很常見的是稍微大間一點的廁所，就說是無障礙廁所？拜託，那個連輪椅進去都無法迴轉，到底怎麼上廁所？

更別說無障礙廁所的垃圾桶永遠都是最髒、垃圾最滿的那間，馬桶往往充滿很多意想不到、被隨手丟擲的東西。

還有一些荒謬至極的例子，例如代表台灣觀光的九份地區知名景點昇平戲院裡，通往無障礙廁所的門口竟然是一段四、五階的階梯，FXXX！這到底要怎麼上?!

台北市西門町峨嵋停車場，無障礙廁所則是永遠讓人「驚喜連連」。馬桶堵住是司空見慣，我還遇過流浪漢在裡面睡覺、洗澡、尿尿，甚至地上有好幾坨屎的狀態，我們連進去的權利都沒有。更別說遇到拉門生鏽推拉不開、門鎖要用扭的（有些身障者根本無法用手做出扭的動作啊），我還遇過垃圾桶要用腳踩的設計……。

有需要進步的，也有值得肯定的

當然台灣還是有一些值得嘉許的無障礙廁所。我要給SOGO百貨一個讚，滑進廁所裡總是會香香的，廁所門是電動門，永遠保持著乾淨清潔，在這裡上廁所才真心有被平等對待的感覺。

台北捷運的廁所也不賴，算是中上程度。我曾受邀到日本拍影片，參訪日本的無障礙設施空間，有些設置很值得台灣參考。

例如日本的無障礙廁所裡，常會多設置一張照護床。這是台灣很缺乏的，因為身障者常常會有換尿布、換褲子的需求；就像我們台灣輪椅人協會的祕書長鈺翔是高位損傷者，僅有脖子以上能動，脖子以下不會流汗，所以他在夏日高溫的戶外時，會需要擦拭身體降溫。無障礙廁所如果有照護床，看護就能更便利地幫他擦拭以免中暑。

喔對了！台北的中山堂無障礙廁所就有設置照護床，我要給中山堂一個肯定。

人人都應享有的廁所權

分享了這麼多狀況，那什麼是適合無障礙者使用的條件呢？內政部於二〇〇八年發布《建築物無障礙設施設計規範》，裡頭詳細載明無障礙通路、高低落差、坡道、樓梯、廁所盥洗室、停車空間等規範，明確記載著無障礙者使用條件的設計規範。

以最基本的廁所來說，盥洗室的出入口至少需大於八十公分，室內空間至少該要有一百五十公分的迴轉空間，還有固定扶手、自動沖水系統，並在馬桶邊、與地板三十五公分高的範圍內，各設置一個求助鈴。

雖然立意很好，但……最後更新日僅至二〇二〇年五月十一日。不是說好了要與時俱進嗎？我衷心期待上廁所這項最最基本的人權，能夠被好好對待與改進。人人都有上廁所的權利，不是嗎？

《坐輪椅出門只能尿褲子？無障礙廁所到底在哪？找廁所這麼難誰還想出門啊！accessible toilets》

內政部國土管理署發布之《建築物無障礙設施設計規範》檔案頁面

心靈上，我也深深受傷了——曾經的我覺得被朋友拋棄了

如前文所說，受傷前的我是個重視朋友更超過家人的人，我媽媽常常說「我把家裡當旅館」就是這樣的概念。我喜歡跟朋友聊天、打混、出去玩，甚至也要求住宿舍，只因為可以跟朋友一起混久一點。

我在十二月二十七日出車禍，原本跟朋友計劃了痛痛快快玩樂的春節之旅，群組裡已經討論得火熱。這群高中死黨是我無話不說的朋友，我一直認為是比爸媽還重要的好兄弟；我離家出走時，也都是他

們無條件地支撐著我。

車禍那天晚上，大家都衝來醫院看我、陪我，我知道他們還是那群朋友。

但原本那個群組，從每天都在吵鬧打屁到發言逐漸減少，到最後已經都不太有人說話了。我一開始很好奇，後來覺得是不是自己想多了，群組似乎太過平靜。直到有一天，我突然意識到，應該是他們創了一個新的「沒有我的群組」。

原來，我被排擠了、我被遺棄了、我被丟下了。

以往總是擁有一大群好朋友的我，剎那間心靈受到重重的打擊。理性的我當然知道這可能是他們的貼心，不想讓我看到持續討論旅行相關的對話，也無法再邀請我一起出遊。但那時的我無法理性思考，只想了很多負面的事：「反正這也沒什麼好隱瞞的吧？未來也不會再用這個群組了，你們應該也不會想再跟我出遊了吧？那我就離開、退群吧！退掉了我也沒差吧！」

感受到被拋棄的我退了群組，把自己的心也退到那個彷彿有了缺陷的世界。

開始面對自己真正的模樣

那段期間，我的心靈很矛盾。生病時會出現很多奇特關係的人，我不想讓那些不熟的人來探望，但又希望大家關心我。

不想被看的原因是，那是我最脆弱的狀態，我不想讓大家看到自己這麼狼狽、軟弱、無能為力的一面；但又想被看的原因是，有些明明跟我很要好的人，怎麼連一通電話、一個訊息都沒有，為什麼誰誰誰不來關心我？

高中時，我在學校跟一個學妹很要好，但我受傷後，她卻一次都沒有來看過我，甚至連一通電話、訊息都沒有。後來過了幾年，有一天我突然想起這件事情，當時太想知道了，於是我主動提起，問了學妹為什麼？她說，這對她來講壓力太大了，她怕自己會哭出來，無法面對我。

我知道，這世上沒有什麼人有義務必須要來探望你、關心你，那不是必然的。雖然這些前來的關懷與關愛都是真心，但絕對不是非做不可的事。

原來，我不會變成廢人，可以獨立生活

而我因為在醫院待了整整八個月的時間，也看到各式各樣的病人，認識了很多回來檢查的傷友。他們平常都有工作，是趁著寒暑假或休假回來醫院做檢查。大部分時候，傷友都是自己一個人來住院，在沒有家人或看護的陪同之下，完成各種檢查。

在醫院的日子待久了，看到他們生活的獨立性讓我很驚訝。我以為受傷後的自己就成了一個廢人，必須一輩子依靠別人照顧，但看著這些一個個回來檢查的傷友，他們獨立自主、靠自己完成生活瑣事，甚至自己面對所有檢查。

他們回醫院彷彿有一種回家的感覺，大家就像普通人一樣交流著彼此生活中的大小事，偶爾聊一聊這段時間發生的糗事，還會拿自己開一些地獄哏笑話。在我還沒能面對自己真正模樣的時候，他們甚至開導我這個受傷不如他們嚴重的人，這一切都讓我深深佩服，也看到自己並非只能變成一個廢人。

我開始經常跟他們聊天，也和一些人成為朋友，在他們身上詢問了許多未來的模樣，也聽聽他們怎麼解決生活的不便利。

我知道，或許一時之間，很多事情不一定能完全放下；或許當下會很沮喪、難過，甚至憤怒，那就放著吧！讓它慢慢淡掉吧！不管今天經歷的是失戀吵架、職場失意還是家人失和，或是像那時的我一樣，覺得被所有的朋友遺棄了。

沒有人能夠超然地迅速放下，因為我們是人、是有感情的，所以就先把這樣的情緒放著吧，時間會沖淡一切的。

後來的我學會，**只要好好地、用力地珍惜自己眼前所有的，那些過去在意的都會緩緩地淡去**。可能在心裡留下過的傷痕，終究會結痂，慢慢好起來。傷痕留下的淡淡痕跡，不會不見，但我們終究能帶著那些痕跡，走向更好的未來。

這一刻我知道了，珍惜自己擁有的，
不要在意自己失去的。
傷痕留下的淡淡痕跡，不會不見，
但我們終究能帶著那些痕跡，走向更好的未來。

CHAIRMAN

CHAIRMAN

原來，我真的再也不能走了

車禍後的三個月內，醫生一直對我的身體進行評估、測試、檢查等等，伴隨著每天都不間斷的復健，在黃金期內，我們期盼可以有任何修復的可能。

搭配什麼都願意嘗試的各種療法，我與爸媽都在尋找奇蹟，哪怕只有一點點可能性都好。

三個月後，醫生請我們一起去了醫院的會議室，看了我所有的X

光、簡報、復健狀態、評估報告等。過程細節與資訊很繁瑣，我有點不記得那些數據與說明了，但是深刻地知道，我的脊髓損傷程度被判定是A級損傷，也就是最嚴重等級的損傷。

第一次跟我一起住的傷友被評估是C級損傷，跟我同住一間病房一個月之後，他不用靠著攙扶，自己用走的走出醫院了。

A級損傷的我，被判定無法再修復，意思就是，近乎百分之九十九下半身無法動。

雖然我們都了解，醫生的每一次判讀都是採取最高等級（也就是最嚴重等級）的評估來說明，但當醫生說出再也無法行走時，我仍然像是被打了響亮的兩巴掌一樣。

我再也無法走路了！

脊髓損傷是什麼？

脊髓損傷是指人體的脊椎受到巨大的外力衝擊，使得脊椎移位或骨折，導致脊髓與神經受損或斷裂。還有另一種情形是腫瘤壓迫到脊髓神經，或是脊髓本身發炎造成的。這些都稱之為「脊髓損傷」。

而人的中樞神經分為頸椎、胸椎、腰椎與薦椎（骶骨），這些中樞神經各自掌管不同的部位。最上方依序是頸椎（一共七節），掌管的是雙手的動作；接續下來是胸椎（一共十二節），掌管的是身體軀幹及核心的運作；再往下是腰椎（一共五節），掌管雙腿的動作。

最下面的是薦椎（一塊）並連接著尾椎，這裡就是脊髓最下端，就是小時候老師叫你不要亂拉別人椅子，萬一害別人跌坐在地可能會傷到的地方。薦椎是掌管大小便以及性方面的功能。

而我，是從胸椎九、十節的部位受損，也意味著我從胸椎第十節以下都失去了神經連動，也失去了從肚臍以下，包含腰椎、薦椎與尾

椎的功能。我不能走路，也不能跑，甚至是仰臥起坐也做不了一下。

就像是一座串連身體的發電廠，輸電過程停在肚臍左右的位置就關閉了。我下半身的整座城市都停電了，輸送帶斷裂，接不起來、沒感覺了。即使我的腦袋再怎麼樣傳送電力、念力、努力、用力……什麼力都沒有用，完全傳送不過去，任何一點微弱的電都沒有。

原來，我真的再也不能走了。

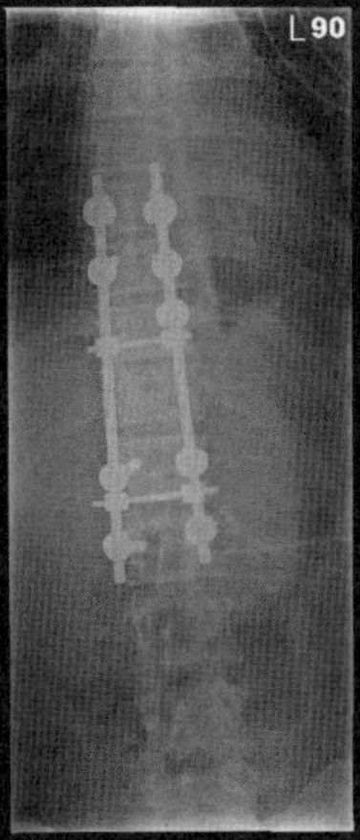

我的脊椎斷掉了。

我真的不能走路了。

你體驗過嗎？來自深淵的哭泣

你體驗過嗎？那種完全無能為力，無可奈何到極點，掉進深淵的痛，是什麼樣的滋味？

那種明明張開眼睛直視著天花板，天是亮的，但眼前卻是一片暗到底的黑暗，比死還要黑，是什麼顏色？

許多人都問我，面臨這樣重大的人生劇變、重大災害後，我在什麼時候哭過、什麼時候崩潰過？說真的，我一次都沒有在爸媽面前哭過，一次都沒有。但那並不代表我不傷心，我不痛。

我不是難過，而是絕望

在醫院的前半段時間，我幾乎過著行屍走肉般的生活，沒有靈魂；復健也是有一天沒一天的，就算去了也像是一個沒有心的軀殼，無止境地做著重複動作。我當時想，我就是個維持著生活、等待生命消逝的軀體。

當然，對於身邊最親近的爸爸媽媽，也是自顧自地發脾氣，只要稍微不如意，我就像個被寵壞的小孩，只想著：

「我都殘廢了，你們到底還想怎樣！」
「都講過了，為什麼還不幫我做好一切！」
「怎麼會不知道我到底要什麼？」
「我就又沒有辦法做啊，到底在幹嘛啊？」

耍脾氣、耍任性幾乎天天上演，但我一次都沒在他們面前哭過。

然而，幾乎每個夜晚，當病房的燈關起後，看著冷冰冰的病房天花板，在昏黃微暗的空間裡，我張開眼睛直直望著上方，沒有聚焦地看著。然後，眼淚就會自己流出來，不斷落下。

那是一種沒有啜泣、沒有情緒、沒有難過與失望的痛，是比身體的痛還要再痛上好幾百倍的，絕望的心痛。

對這個世界、這個「我」，已經不是失望難過了，而是絕望。我還有好多好多想做的事情還沒做，還有好多地方都還沒去，我還沒有結婚生小孩，還有好多想嘗試的事物都失去了。

我就要這樣殘廢地過一生了。

不要再叫我加油，我恨加油

那段時間裡，深夜是自己的黑暗時間，我除了流淚，更多時候是

無聲、無神地看著漆黑。有時會因為復健過累，不知不覺地睡著，但更多時候是這樣地看著天花板，直到天亮才勉強睡去。

睡去的時候，我常常反覆做些奇奇怪怪的夢。具體的夢境已經記不得，只知道夢裡的我還能走、還能跑，我快樂地踏在這個世界的土地上，行動自如、心態自如；夢裡的我甚至還可以參加大隊接力，在跑道上衝刺。

但張開眼時，眼淚還在、夢境還在，但我雙腳感覺已經不在了。

我的心沉到谷底。

在住院期間，我看了日劇《完美世界Perfect World》。那是一部男主角坐上輪椅的偶像劇，看完後我覺得有點假，那個世界太美好、太假裝正面，不要說教不要心理衛教，他們不懂我的苦我的痛。

那時，我內心裡更討厭被說「加油」。我當然都知道大家是真心祝福我，但在那時候的我，怎麼加油？每一句「加油」彷彿是對我

說，我還不夠努力，但說的人又知道我付出多少努力，做了多少的嘗試？我用盡了全身的心力想要站起來，「加油」要怎麼加？「一定會好轉的」，是誰跟你說一定的？

不要再叫我加油，我真的恨加油！

再會了，我的愛情

我知道我很帥，從小就知道。

出車禍時，我是有女友的。那時，我跟Y已經大約交往了一年半左右了。

我交女友，也大概都會帶回去給爸媽看，Y也不例外。在我們交往的過程中，爸爸媽媽也都挺喜歡她的。出了車禍之後，大概前三個月的時間，我都處於脾氣超差的狀態，對前來照顧的爸爸媽媽很兇、很任性，對Y當然也如此。

Y是一個很努力工作的女生，平常上課之餘要打工，我車禍之後，還要負起偶爾下班後或者假日時來照顧我、陪我的責任。我知道自己對她也很不好，但是當時的我就是一個任性、自私的傢伙，只想耍無賴。

車禍後過了三個月，當我回首發現了爸媽對我的付出，以及我不能再這麼無賴、耍任性之後，我也了解了不能再這樣對Y。我不能再綁著她，這種日子對她來說太不公平、太忙也太累了。

那一天，我在下午復健時傳了訊息給Y。我跟她說：「我不愛妳了，我們分手吧！」我覺得現在這樣的身體已經不值得愛情，也不值得擁有她，只是責任式地綁著她罷了。

「秉錡你好好復健，我們晚上再談。」這是Y當下回覆我的。

對我們來說，愛已是沉重的負擔

當天晚上，Y來了。像什麼事情都沒發生一樣，Y依舊像平常那樣地對待我，對於早上的事也是避而不談。直到她離開後沒多久，搭上捷運的她傳來一則訊息：

「秉錡，對不起。我還是沒辦法。見到面也已經不是開心的事情。所以，對不起。」

其實收到訊息的當下，我覺得自己沒有受傷。其實Y對我已經付出得夠多了，已經仁至義盡，她沒有必要為了我付出那麼多。

後來，我輾轉從朋友那邊知道了Y那陣子被我折磨的情緒，她甚至傳過這樣的訊息向朋友哭訴：「哪怕我今天已經把頭壓到最低，哪怕我今天已經用最卑微的聲音跟秉錡溝通了，可是他還是很兇。我即

使已經胸口很悶了，可是我還是一直哄他想逗他笑。但秉錡還是對我愛理不理……。」

那時候，我知道我沒做錯，該放手讓Y走了。

雖然我不想分手，也不是不愛了，但我告訴自己，分開才是對的。另一方面，我自己身體的傷是更苦痛更麻煩的事，對Y來說，「我」這個負擔太重了。

我一直跟自己說：其實沒有很受傷。

那天過後，我以為沒事，卻不知道為什麼，我開始拒絕跟想來探病的人見面，不想跟過多的人接觸，更不想跟不熟的人交流，總是說我沒空。

我知道我很帥，從小就知道。

但我已經不值得擁有愛。

兩百五十五天後，原來世界還是一直在運轉

在醫院待了八個月出院，回家再休養半個月，就在離開學校八個半月、兩百五十五天後，我重新回到了大學。

幾乎已習慣醫院生活作息的我，身心感覺調整好了，醫院的護理師、復健師、醫師、傷友們也給予祝福，期盼我可以早日回到社會。因為回歸社會生活的一切現實，才是接下來的漫長人生該面對的。

我以為回到學校會是一個美好的開始，但沒想到卻是另一個煎熬的開始。

為什麼一定要被歸類、被關心？

剛回到學校的我，因為受傷復學後降了一個年級，認識的朋友同學都不在身邊；加上坐輪椅之後不知不覺變得自卑，回到校園，我竟然意外地一點都不開心，甚至覺得特別孤單。

而因為坐輪椅，座位從受傷前的最後一排變成了第一排，這件事情也讓我覺得做什麼都綁手綁腳。

另外，老師在課堂上的「過度關愛」也是一種壓力。當我只想「躲在」自己位置上時，老師常常點名問說：「看得到黑板嗎？這樣可以嗎？」天曉得我根本超級不想成為目光焦點，更不想因為坐輪椅而被特別關照。

甚至在分組時，也常常有同學會刻意來問：「同學你一個人嗎？要不要跟我們一組？」那時候的我希望誰都不要理我是最好的，過多的關心與關愛，對我來說是強大的壓力。

還有，一開始回校園，學校看似貼心地叫我在課堂結束後，可以去「資源教室」報到。那種被貼上「輪椅人」的標籤，就像一種超級無理的無形枷鎖，或者更該說是歧視；時不時就要被關心好不好、有沒有哪裡不舒服，要我可以多多跟其他坐輪椅的人當朋友等等……。

這種沒有出自同理心的對待，讓我真的非常不舒服。為什麼不能沒事的時候，想去哪裡就去哪裡？為什麼一定要被歸類？為什麼一定要張貼大大的標籤，才算是關心或祝福？

他人的熱心，累積成我的傷心

除此之外，我對於大眾的目光也特別不習慣，那是在醫院體會不到的。

過去八個月在醫院，大家都坐在輪椅上，所以並沒有什麼好奇怪

的。沒想到一回到校園裡，那時的我甚至不敢和走在學校裡的人對視，都是低著頭推輪椅，下了課也只想趕快回到宿舍。

那時的我心想，或許大家並沒有明目張膽地在看我，但應該是一直偷偷地注視我，這讓我在校園裡非常非常不自在，彷彿回到了住院時的低潮。

真的不誇張，記得有一次我在學校的斜坡上略微吃力地推著輪椅前進，因為我習慣把書放在大腿上，所以往上推的時候，書本一下子掉到地上。

你知道嗎？就在那瞬間，突然有約莫十個人衝了過來，要幫我撿起掉在地上的課本。

就在那一刻，我彷彿感受到，原來我是什麼異類的存在嗎？畢竟其實我只要彎下腰就可以輕鬆把課本撿起來了。雖然很謝謝大家的熱心，但我很傷心。

越不舒服，越會長大

回到學校後的日子，每到夜深人靜的時候，我總是一個人到河堤邊，拿著兩罐大罐的1664啤酒，看著景美溪、聽著歌、喝著酒，獨自在一片漆黑裡讓眼淚默默地流下。

跟在醫院的無助心痛不同，回歸到現實生活，真的好讓人無奈與不甘願。

我又想起剛受傷時的那種感受，想著為何遇到這樣事情的人是自己？我的朋友還有身邊的同學，怎麼都過著和我不一樣的生活，怎麼都比我幸運？我跟大家明明是同樣年紀、同樣學校，大家卻已經過著跟我不一樣的人生了！他們好快樂、笑得好開心，只有我，真的笑不出來。

後來我才明白，這就是成長的過程吧！成長嘛，不就是這樣子嗎？這種突如其來、強迫式的拉拔成長，就像把你從一個二十歲少年

的身體中突然抽離，再重置到這個世界上。我像是二十幾歲，卻又已經不是二十幾歲的我了，被迫在這八個半月裡重新來過；這一切一切的人生，對我來說是真的、真的好痛，也好苦。

不過我也漸漸知道，過程雖然痛苦，但偏偏就是在越不舒服的狀態下，才會讓自己成長。

過程雖然痛苦，
但就是在越不舒服的狀態，
才會讓自己成長。

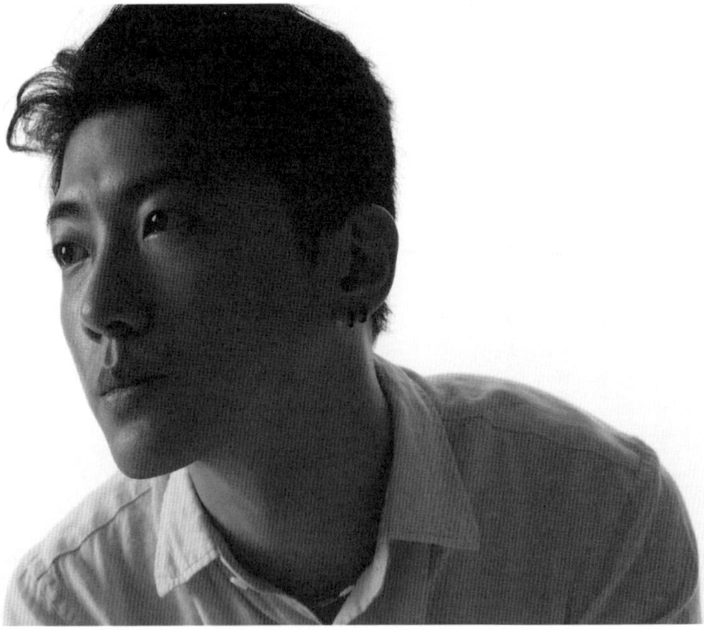

宿舍裡的那些荒唐事

復學後，有件事情其實我非常在意。

那就是我認識的同學都變學長姊了，只剩我。

我受傷時剛剛升上大二，但因為住院整整八個月，所以準備復學時，原本的班級已經讀完大二，正準備上大三。而我必須要重新開始我的大二生活，因此我在學校所有認識的同學都已是上一屆的學長姊。我除了需要適應回到社會的「大眾」眼光之外，還需要調適自己去加入一個大家都很熟了的學弟妹班級，這也讓我很不習慣。

想面對，又被恐懼打敗

所以，回到學校復學的第一堂課，我翹課了。

我知道要刻意逼迫自己去融入、去上課，才能盡早跟同學混熟與認識；當然也知道當我在外面滑輪椅時，絕大部分的人投射的不是「看異類」的眼光，也不是所謂的歧視。好奇心人人都會有，絕非通通都是惡意。

這些我都知道，但，我就是不想出去。

因為想要早點獨立、早點學會照顧自己，所以我復學時決定申請學校宿舍。媽媽當然非常擔心，從醫院離開、回家沒多久的我就要直接去住校，身邊又沒有他們照顧，媽媽還擔心到說要來陪我上課，甚至要陪我住校一陣子。但我通通都拒絕了。我得靠自己面對才行。

只不過我的面對，被內心的恐懼打敗了。我躺在宿舍床上想了又

想，根本不想起床面對那一切，也沒有什麼動力去適應外面的世界。我只想要窩在這個角落裡睡覺、打電話、滑手機，還有叫一直陪著我經歷低潮的朋友阿儒來找我。

就這樣，開學的第一週，我完完全全地蹺課，都待在宿舍。

呼朋引伴，只是找回我的安心感

因為我要復學與住宿，學校為我設想與安置了相對比較容易的生活環境。別的同學是兩人一間的宿舍，我是一人一間。但「特別」的是，我需要跟隔壁房間共用中間的衛浴；要使用時須將裡面另一扇門鎖起來，才能使用。我們常常鎖完、上完廁所後就出來，所以經常發生我不能進去，或隔壁室友無法用廁所的麻煩狀態。

不過，由於一人一間房的關係，我享受到了久違的「自由」空

間。在宿舍的半個學期裡，可能是心裡孤單，也可能是想彌補前八個月失去的交朋友心情，我除了常常叫阿儒陪我之外，也開始呼朋引伴來房間裡一起玩。

白天我偶爾去上課，在課堂上發呆、玩手機，覺得無聊，對於上課或讀書這件事情超級意興闌珊。到了夜晚，才是我生活的開始。

那段期間我做盡了很多荒唐事，邀請朋友來我房間打ＰＳ４，在宿舍裡面打屁、聊天、抽菸、喝酒。那些已經變成學長的同學、原本打籃球系隊的隊友通通都是我的電動咖，我們在宿舍裡過著極為快樂又荒謬的生活。當然，我相信學校是知道的，只是在某部分的規範內，「隱忍」著我的超乎常規的行為。

直到有一天，教官打電話給我，約我見面聊聊天。我以為教官是來嚴厲指責、喝止我，甚至會威脅說要通報父母之類的。

但沒想到一開門，教官竟然拿著餅乾來「談心」。

誰還願意做我的朋友？

教官完全沒有罵我，也沒有惡言相向，相反地，他對我好言相勸。教官說，住校要符合規範，抽菸要出去抽，也不可以隨便帶人進宿舍；甚至也柔性勸導說打電動打整晚，其他宿舍同學都要睡了，會吵到他們。

儘管他沒有明說，我知道他是特別為了我網開一面，知道我內心有苦，才這樣以好言相勸地規勸我。

我其實都明白，這些荒謬的事情不對、不符合宿舍規範，可是我好想找回內心失落的那一塊，我好想有人陪伴。

白天上課時，課堂上的我很孤單，不知道為什麼總沒有一種歸屬感，所以想在夜晚的宿舍、在我可以控制的領域裡，找回我的朋友，也找回我在學校裡的安全感。

在那時，我用打電動、用ＰＳ４來吸引朋友。當時，ＰＳ４還超

級紅，我大概是利用電動這個利益來誘惑朋友、吸引朋友來宿舍，希望他們能喜歡我。

我想找回那些失落，甚至惆悵的友情，我不知道變成這樣的自己，他們是不是還願意真心跟我當朋友，願不願意還跟我出去玩，願不願和我這個麻煩人物相處。我很想知道，我很想念我的朋友們。

但我只能用ＰＳ４吸引他們。

對不起DC，我愛妳，但我愛不起妳

復學後的二年級上學期，我在學校宿舍住了一個學期，度過了荒誕卻超級自由（也可以說超級自我）的一段時光。

住在宿舍還算是過著團體生活。宿舍會管控大家的進出狀況，雖然男生宿舍沒有所謂的門禁，但太頻繁的深夜進出還是會引來舍監的側目與「叮嚀」。這樣的生活當然不適合過度自由的我，我覺得倍受束縛。我跟爸媽說，我已經逐漸適應自己一個人的生活了，我要搬出去住。

二年級下學期，我搬出去了，真正開始過一個人的生活。

第一次，有人把我當正常人看待

開始復健，跟Y決定分手到回學校的生活之間，我其實也短暫曖昧過幾個女生，但我不確定那是不是真的愛情，因為那總是又短暫又帶點空虛。我知道大部分時候，自己是被單方面的喜歡而接受，我也享受著被喜歡勝過於喜歡對方的愛情。我知道這樣很渣，但當時的我覺得這樣就好了。

直到DC出現了。

在我搬出去住宿的幾個月之後，我遇見了DC。

跟之前的對象不同，DC不是學生，是已經畢業、有一份穩定工

作的人。她大我一歲，是姊姊。她對我來說挺特別的，是因為ＤＣ對我的態度跟別人不一樣。

這段回到社會上的時間裡，我一直在尋找心靈依靠，而ＤＣ像是姊姊一般的存在，出現在我身邊。她成熟可愛又善解人意，最重要的是，她對待我像是對待一般人一樣，完全沒有把我當成什麼需要時時刻刻呵護、照顧的人。

我出院後，第一次在ＤＣ的身上感受到了像以前交朋友一樣的輕鬆與自在。

即使已經回到學校半年了，我還是在同學、師長面前有芥蒂，覺得自己是怪人。但在ＤＣ面前，我可以輕鬆做自己，很自然地想快樂就快樂、想悲傷就悲傷。

我們會一起吃飯、一起打電動、一起喝酒、一起打屁，也會一起談心。

受傷以來就在別人面前裝作超堅強、超獨立，也從來沒在爸媽面

前哭過的我，有一次在ＤＣ的面前，不知不覺地說著說著就哭了。

我跟她分享出車禍的心情，說我對不起我爸媽，我是獨子卻讓自己變成這樣，讓爸媽流了好多眼淚、承受好多痛……也說了我回到學校壓力大、很痛苦的歷程，面對社會上的異樣眼光，我自己的內心也好痛苦也好不自在；原來回到社會上的生活這麼孤單與寂寞，那種空虛的心靈到底該怎麼辦才好……？

很奇妙的是，那些我以為可以獨自面對、自己調適過來的心情，竟然完全安心地在ＤＣ面前說著、哭著。ＤＣ也很溫柔地聽我說話，拍拍我、抱抱我。

出車禍後，第一次有人喜歡這樣的我，把我當正常人看待，讓我可以肆無忌憚地卸下心防，在她面前大哭，ＤＣ就是這樣一個讓我安心的存在。

不對的時間遇上對的人，只有放手

我跟ＤＣ曖昧了半年多，我很明確地知道自己超級喜歡她，也知道ＤＣ對我的心意，但我就是說不出「交往」這兩個字。

我知道自己在害怕什麼。

那段日子的我很快樂。ＤＣ常常在下班以後過來租屋處找我，我們一起吃晚餐、接吻、擁抱。但是在那一天，在床上的最後一刻，ＤＣ停了下來，問我：「我不跟不是男朋友的人上床，我們現在是什麼關係呢？」

那瞬間我冷靜下來。我沉默了，什麼話都說不出口。我無法開口說出交往或承諾的話，所有的字眼都卡在喉嚨裡，什麼都說不出來。

隔天早上，ＤＣ就離開了。我知道ＤＣ徹底離開我的生命了。

但我什麼都說不出口。我那時候真的不敢跟她告白，不覺得自己值得擁有愛情。像我這樣的一個殘廢的人，沒有談戀愛的資格。我要

怎麼談戀愛，我真的有資格可以擁有愛情嗎？我真的沒辦法承諾她，我根本沒有能力照顧另一個人，我連自己都顧不好了。

她是這麼美好、這麼棒的一個女生，明明應該有更好的選擇啊，那麼多直立人可以照顧她、可以保護她，但我很脆弱、很自卑，也很沒用。

在不對的時間遇到的人，那時候的我，沒有勇氣握住我的愛情。

對不起DC，我愛妳，但我愛不起妳。

刻上了山羊頭骨，從此以後，我要帶著家人的愛勇敢活著

重返學校，我就在愛情、友情、課業之中載浮載沉。我知道自己要成長、要堅強，同時還要把書讀完，不然只有高中學歷。我不確定未來的方向，卻知道自己要將這件事情完成，才不會讓爸媽傷心。

身處在對我來說算是「學弟妹」的班級上，雖然同班同學、老師也對我不錯，卻不知道為什麼，始終還是有點隔閡感。但是，從隔壁乙班的學弟們、從籃球系隊的學弟們，我逐漸找到了一群越來越熟的朋友，開始有了一群新的哥兒們。

升上大三、大四後，選修的課多了，我也就跟這群朋友能選在一起上課與相處。下課後，偶爾我們會打打籃球，一起吃飯聊天打電動談未來，一起跌跌撞撞去亂想以後到底會怎樣。

因為他們，我重建了生活

我在學校裡慢慢地找到安定與寄託的對象，這群好夥伴們，用讓我很自在的方式面對著我的「不一樣」；時而說說笑笑，在我需要的時候又會適時地伸出援手扶我一把，偶爾還會推我一把（我指的是把我推倒），沒有什麼過度矯情的照顧或關心。

我發現，我竟然也值得這樣的友情了，我也可以在大家眼中是個「正常人」般地自在了。

找到這群志同道合的朋友後，我們常常想著一起去探險、去哪裡

玩些好玩的事情，他們甚至規劃起有沒有可能「帶何秉錡一起出國畢業旅行」的瘋狂計畫。喔，不對他們沒有問我意見，他們只有「反正你去定了，他們會搞定這一切」的決定，很荒謬！

而我也就在這群哥兒們的默默支持下，心靈逐漸強大、茁壯了起來。**原來這個世界並不可怕，原來坐輪椅還是可以有真心誠意對待你的好朋友。原來我真的可以過正常人的生活。**

「那些殺不死我的、必使我強大。」我混沌的生命裡，逐漸找到了可以看透的生活樣貌，那些過去的壓力與危機，維持了我未來的生存與接續。我感謝我擁有父母，我感謝我擁有這群好朋友。

痛，是我的紀念，我的成長

有了這樣的體認之後，我決定實行一個想了好久的夢想——刺

青。其實刺青這件事情在還沒受傷前已經想做了，受傷後回到這個世界，逐漸「適應」這樣的自己之後，我決定要去實踐了。

我想了很久，找了很多圖與寓意，選定了朋友刺的刺青店，下定決心要刺一幅幾乎占滿整個背部的圖樣。二〇一八年的十月，我開始第一次刺青，而這幅刺青花了整整六個月、分成四次才完成。

因為受傷後，我只剩下上半身有知覺，也可能因為如此，痛感格外明顯，比過去還不能忍痛，也可能是我比較不能忍痛的藉口。所以要完成這樣一幅大型圖樣，我總共進行了四次。

圖樣是一具山羊頭骨，頭骨底下刻著閃著光的六芒星。刺青師讓山羊頭骨直挺挺地盤據在我背上。在有些西方神話的寓意中，山羊頭骨象徵惡魔，甚至說是地獄使者。但我更相信另一派的說法：在現代，山羊頭骨代表著勇敢、堅強，甚至是抵禦對抗的意思。

山羊頭骨的最下方，是我脊髓受傷開刀的傷疤。圖案與傷疤重疊銜接在一起，是終點，也是起點。

在山羊頭骨上，我特別留下了四個英文字，分別是：**Brave**、**life**、**family**、**love**。這四個字可以分開，也可以各自代表自己，我希望自己要「帶著家人的愛勇敢地生活」，繼續努力活下去。

那些在背上一針、一針的超級刺痛過程，代表著我經歷過的一點一滴、痛澈心扉的苦，刻骨銘心的痛，我永遠不忘記。那些代表著我此生的四個字，我將永記於心，成為接下來的人生信仰——勇敢、好好生活、愛家人、要有愛。

刺青對我來說，像是一個送給自己的重生禮，紀念這件事情為我帶來的成長、銘刻在我身上的缺陷。這是我全新的身體，自此之後，也是一個全新的我。

我要永遠記得，不要忘記要勇敢。

我要堅強地，為了這四個關鍵字，好好活下去。

這是我全新的身體，
自此之後，也是一個全新的我。
我要永遠記得，永遠不要忘記要勇敢。
（心之 OS：好像該補色了）

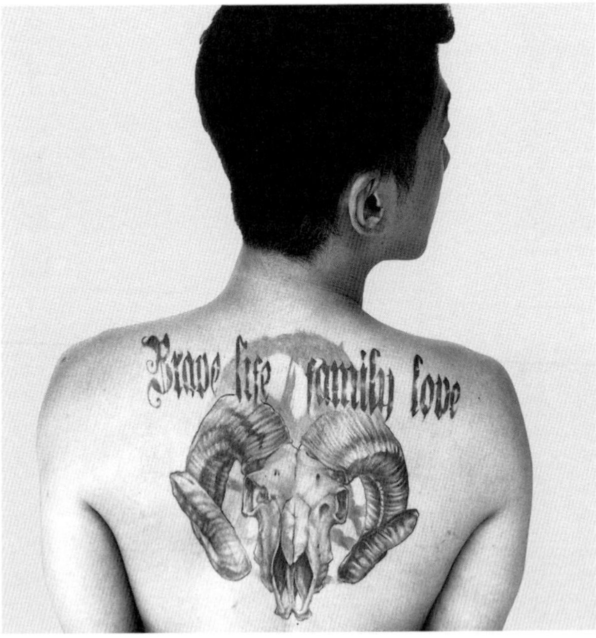

畢旅夢想成真，我真的跟朋友去了一趟泰國！

其實受傷後，爸爸媽媽曾帶著坐輪椅的我出國去旅行過。我們去了澳門、香港，在爸媽的照顧下，我知道也體驗了輪椅族出國的不方便與難以掌控時間的種種麻煩事，了解跟著輪椅族出國有多少難題。

但我的好朋友們卻不是這樣想，他們根本不把這件事當一回事，更甚至這是一趟超級節省的畢業旅行，我們選擇搭乘廉價航空！

為什麼要特別強調廉價航空呢？因為一般來說，輪椅族要搭乘飛

機，傳統的全包式航空會在登機口就將你的輪椅打包，再幫你換成可以行走在飛機走道的機上小輪椅，並把人推送到座位上去。

但，廉價航空之所以能夠廉價，就是節省掉許許多多服務，空橋正是直接被省略的項目之一。但這些在我朋友們的眼中，完全不是問題。我永遠忘不了那一趟旅行，至今仍是一生中很感動的旅程。

我的困難，在他們眼中都不是問題

從桃園機場出發，廉價航空不會有空橋連接飛機，需要搭接駁車抵達停機坪的飛機，再從地面走一段長長的階梯才能上飛機。我的朋友們一把揹起我，把我揹上飛機，到了泰國再揹下機。

抵達混亂的泰國後，他們一個再接一個，不管是搭雙條車還是要上嘟嘟車，都是一個人抱我、一個人扛輪椅，接著一、二、三，我們

就上去了。我們還去體驗了哈妮大浴室。

泰國的交通混亂、人行道也混亂，我常常在路上遇到輪椅無法通行的窘境。每當遇到這狀況時，我就會被瞬間抬起，到下一個平坦地再放下，大家就像沒事一樣地繼續往前。

更甚至，遇到難以推行輪椅的碎路面，大家還會一起打打鬧鬧，笑說一些「這樣到底怎麼推，連人都很難走路了」的笑話。

上餐廳、去按摩，甚至去寺院拜拜，那些我光用想的就覺得自己應該沒法進去吧、輪椅族應該到不了吧……的困難之處，在他們眼中竟然一點都不是問題。跟著他們玩一趟泰國，竟然真的可以這麼「方便」，即使身上流著汗、即使除了自己和行李還要扛著我，或者因為輪椅無法通過而要轉路……忍受這種種一切的不便。

他們的默契如行雲流水般，一個累了再換一個地接力，彷彿這是超級天經地義的事情。他們的動作完全沒遲疑，也沒有不耐煩，甚至還有空一面打屁聊天、說說笑笑、開開地獄哏玩笑，這都讓我的整趟

泰國旅行「像極了和一般朋友在出遊」。

那趟旅行後，我真真切切從他們身上獲得了極大的能量與力量。是他們讓我覺得，或許我跟大家真的沒有什麼不一樣，我也能跟大家一樣，值得享受生活，甚至可以快樂出國。

也因為有了這一趟超級難忘、超級美好的畢業旅行，我終於可以好好告別大學四年的生活（或者說五年？）。帶著嶄新的身體，從好朋友、摯愛的家人身上給予我的龐大力量、勇氣與祝福，我成長為一個獨特的個體，強壯地、茁壯地展開下一個階段的人生。

我的大學人生，如此地完美落幕了。

所以，輪椅族如何搭飛機？

很多輪椅族受傷後不想出門，怕不好意思麻煩別人，更不敢出去玩，甚至出國旅行。但很愛嘗鮮、勇於嘗試的我，出車禍之後依然到處玩耍，甚至也出國了好多趟。這當然要歸功於不怕麻煩帶著我一起出門的爸媽，也要謝謝跟我一起出國的朋友們從中協助。

而我透過拍攝影片，也發現很多人很好奇，輪椅族要如何進出國門、搭飛機？因此想跟大家分享一下，究竟輪椅族是怎樣搭飛機的？

輪椅也是托運行李？

通常我們會在訂機票的時候先備註「我是輪椅乘客」，然後打電話跟航空公司確認需求。這樣一來，航空公司也能事先做好安排。

來到搭機當天，我也就如一般乘客前往航空公司櫃檯報到。在我的搭乘經驗中，有些航空公司是要在報到櫃檯託運輪椅，但大部分仍可以選在登機口再託運。而從報到櫃檯到登機口還有好大一段距離，我也都是選擇到登機口才託運輪椅，一方面是這樣輪椅比較不會有託運受損的問題，也可以在一下飛機就坐到自己的輪椅。畢竟輪椅就是我們的腳呀，安全一點得好。

報到完畢、拿到登機證了，過海關時會有優先通道進關檢驗，這時可以有一人陪同走快速通關。而隨身行李檢查時，也有特殊的輪椅查驗窗口，讓我不用離開輪椅就能通過掃描，完成檢查流程。也就是說，我會比別人更快通關，也算是輪椅族的好處？（笑～）

過完海關之後，要在指定時間前往登機門。我們通常在登機口前是優先登機的，因為在真正踏上飛機前還需要換上飛機輪椅。而就在這個時刻，自己的輪椅就會被託運了。至於為什麼要換上飛機輪椅呢？因為飛機走道通常比一般輪椅窄，因此換上飛機輪椅，再由地勤人員協助推上飛機，坐進自己的位置，他們會將飛機輪椅推走。

而我通常都是第一個登機、最後一個下機的，需要等到全數的旅客都下機之後，他們會再度推來飛機輪椅送我下飛機。而我也可以在離開飛機之後，到登機出口直接換回自己的輪椅，再進行一般人入海關、領行李流程，就能抵達另一座城市或國家。

如何在高空上廁所？

對了，還有很多人對於長時間搭飛機、在機上怎麼尿尿很好奇。

如果是短程飛行，如日本、韓國等近距離航程，我會在上機前就先上廁所（這應該跟大多數人都一樣吧）。航程中，雖然若真的有需要，空服員也會前來協助，但大多數的短程飛行，我都可以維持到下飛機後再去廁所。若是長程飛行，我就會選擇掛尿袋，讓自己不用跑廁所，也降低空服員的麻煩。

目前我遇到的國內航空公司對輪椅族的服務大多不錯，也不會讓人感受到不自在。不過這當然是我自己出國的感想，也期望有更多出國機會，可以再去試試看別的國家、洲別，有什麼不同的體驗。

《坐輪椅要怎麼出國？直接飛到日本給你看！住一晚要四萬塊的無障礙房，我愛日本》

真正使我強大的，原來可以是脆弱

雖然前面說得轟轟烈烈，快樂地畢業了，但其實畢業後的我也還是有點茫然啦！（笑～）畢業後要做什麼工作、有什麼事情是我特別喜歡、特別想做的，其實都還沒想清楚。

我也隱約擔心，坐輪椅就是一種弱勢，面對求職時的種種問題，我想像坐著輪椅就像被打入地獄一般。在我的認知領域裡，身障者的工作好一點的可能就是打打字、敲敲鍵盤的文書工作。

穩定，真的是我要的嗎？

在我還沒確切想好要做什麼的時候，身邊朋友傳來消息說榮總正在招募身障職缺，屬於半公職人員的約聘職。大家聽到之後都鼓勵我去試試看，因為相較於一般街賣、玉蘭花或者街邊販售刮刮樂，這算是比較輕鬆的工作。畢業後，我也就在朋友的引薦之下，「回到」榮總上班。

我在榮總的職務是行政助理，每天有非常穩定的上下班時間，做的事情也是幾乎沒有壓力的行政工作，例如每天打開mail收收信，Key帳務，打打公文，偶爾需要協助接手別人交辦的事項。除了這些之外，還可以順道聽聽醫生的八卦、醫院的小道消息等等。

平心而論，這份工作算是半公職，非常安穩，也有不錯的福利和穩定收入。我在醫院適應得很快，迅速就把要做的事情摸熟了。

但我隱約覺得有什麼東西不對勁。這真的是我想要的工作嗎？難

道我就只能像一般人認定的一樣，做這些最基礎的工作？

工作了半年之後，我實在發慌得坐不住（當然，即使這麼說我還是必須坐在輪椅上）。我很清楚這應該不是自己想要的安穩生活，於是我決定辭職。

從一句玩笑開啟的事業

那段還在摸索可以做什麼工作的階段，高中社團麻吉Harry是我的好夥伴，也是在假日一起喝酒、唱歌、打屁聊天的朋友。我們很愛打嘴炮，你一言我一句，說著只有我們兩個敢說的垃圾話、地獄哏。

某天，就在我認真思考未來到底要做什麼工作時，朋友問一句玩笑引起了我們的興趣。

他說：「你們兩個屁話這麼多，怎麼不去做YouTuber？把你們日

常的對話、生活中會遇到的問題，通通拍出來啊！」

我想了想，或許這是個機會，畢竟刻板印象中「坐在輪椅」上的工作，我都沒興趣。而且沒有人說坐輪椅就只能做文書的工作啊，受傷後的人生，我做了很多受傷之前不曾想過輪椅族可以做的事情，也經歷了很多一般人根本沒辦法想像，可能也從來沒想過的事情，或許我可以把這些經歷，以及從來沒有注意過的觀點和大家分享？

那些我在醫院裡剛受傷時，需要很多資訊來輔導自己的輪椅人生的知識，若是把這些都拍出來，一方面可以幫助剛受傷的傷友走過那段艱辛的日子，讓他們知道，其實受傷後並不是失去人生的一切。

另一方面，也因為切身體驗過，我想用我的立場來回饋這個對輪椅族不算友善的世界，我想要改變社會大眾對於輪椅族的刻板印象。再者除了知識層面，我也想拉近大眾與輪椅族的距離。我想讓大家知道：「即使癱瘓，也不會成為你們口中的廢人。」輪椅族也值得一個好好生活、快樂的人生。

從「何秉錡」到「椅人」

這些事情，好像可以透過我自己的經驗分享，讓輪椅族備受不平等對待的現狀，或許得到一點改善。有沒有可能，我過往的那些脆弱，可以幻化成強大的力量，正向傳達給大眾知道呢？那我是不是就可以將我的弱勢轉變成優勢？

我們借鏡電影《蟻人》的精神，傳達渺小而偉大的寓意。坐在輪椅上的我，不就是「椅人」？在很多人不那麼看好的狀態下，我卻覺得：「沒試過，你怎麼知道你不行！」這句話也成為了頻道的Slogan，我們決定，做了再說！

全台大約每二十個人就有一個是身障者，而這二十個人裡面，又有一個是帥哥，剛好就是我！

我是何秉錡，我是Leo aka Chairman 椅人。

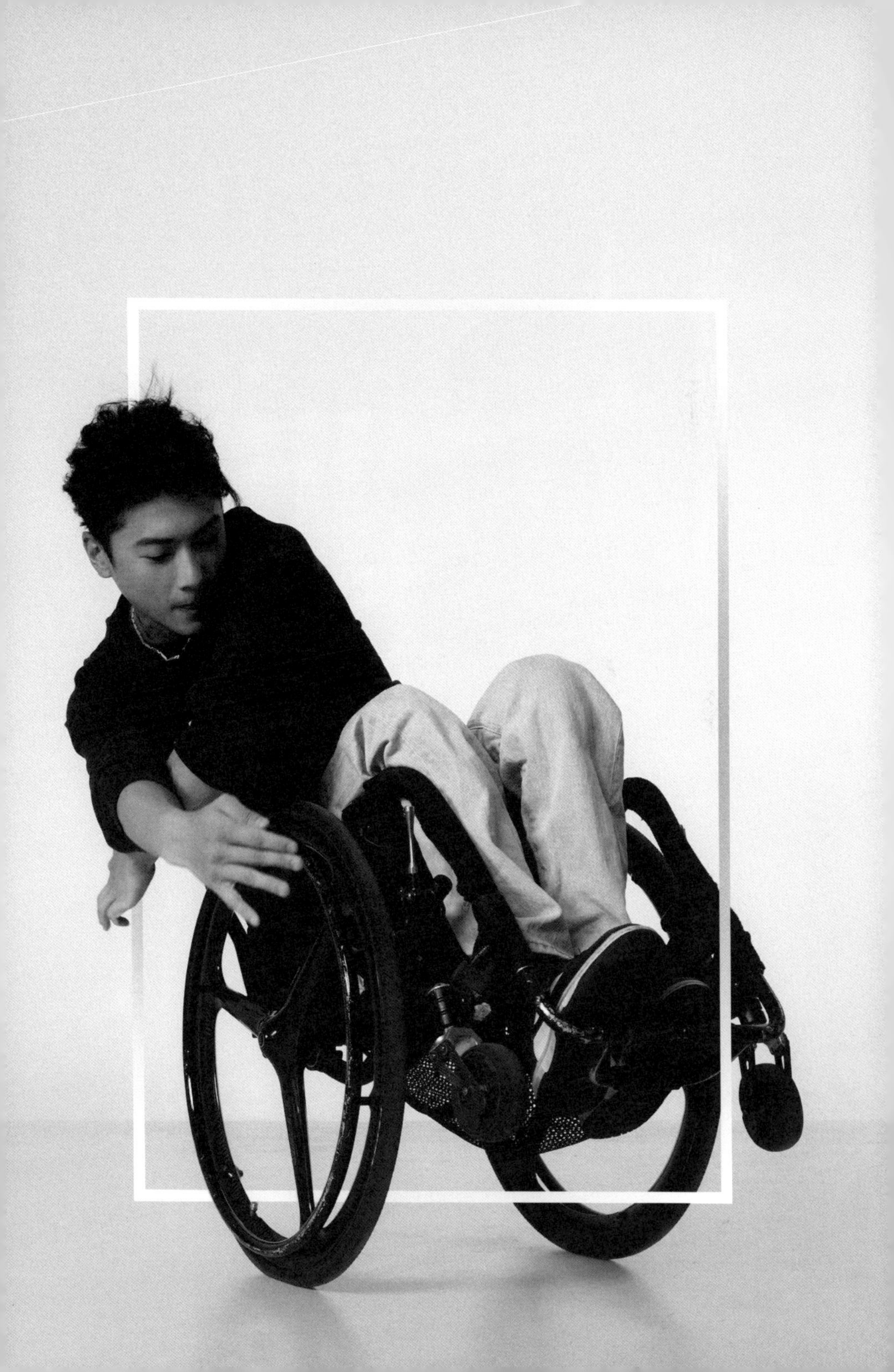

Part 2

限制都是自己給的，沒試過，怎麼知道你不行？

「我，Leo aka Chaireman椅人，
男，屬豬。身高一百三十公分。」
既然大家都會覺得我坐輪椅也能過得很爽，
那我就來爽給你看！

YouTuber是什麼？就是油士伯啊！

我從來沒想過，原來愛開玩笑打屁、打打鬧鬧的我，可以把這個來當成事業。

從榮總辭職後，我對未來有點茫然，無法想像到底自己可以做什麼。沒事做的我雖然知道「我不想要無聊的工作」，卻還不知道「我想要怎樣的工作」。即使跟Harry討論出來可以試試看的拍片方向，但我們也沒有把拍影片當成一件正式的「工作」來看待。

在我逐漸走出門，跟朋友一起「正常」旅行、玩耍之後，我常常

聽到一種說法：「坐輪椅後，你的生活怎麼也可以過得這麼爽！」其實每次聽到，我都覺得有點莫名，甚至有點不爽。為什麼坐輪椅就不能有正常的生活、一般的旅行，甚至坐輪椅就不能很享受嗎？這是什麼奇怪的心態與反映出來的刻板印象？

想到這樣的方向後，我跟Harry也決定以此當成出發點。

既然大家都覺得我坐輪椅也能過得很爽，我說過的，「沒試過，你怎麼知道你不行」，那我就來爽給你看啊！

全台最懶惰的YouTuber是我

第一支影片，我們決定先拍一支前導，告訴大家創頻道的初衷。

二〇二〇年四月九日，我的第一支影片上架了：「根據衛福部至一〇八年的統計資料，全台灣身心障礙人口已經高達一百二十萬人，

平均每二十人就會有一位是身心障礙者。當中又以肢體障礙者占絕大多數……。」

很多人常常跟我說，因為接觸了我之後，才開始意識到其實身邊也有輪椅族。而我們的頻道初衷，就是想以輪椅族的角度來看看這個世界、玩玩這個世界。

「我，Leo aka Chaireman 椅人，男、屬豬。身高一百三十公分。」影片一開始，我是這樣介紹自己的。我決定要成為全台最懶惰的YouTuber，因為我連站起來都懶。

我想用一百三十公分的高度、四顆輪子的「腳度」來玩這個世界。一方面是想讓坐上輪椅的大家知道，哪些地方就算是坐輪椅也是可以去的，輪椅並不會成為限制。另一方面則要讓大家知道，**坐輪椅就像身高、膚色、胖瘦一樣，只是一種差異。**

夢想之路不該因為受傷而放棄，或許會走得比別人辛苦，但終究會抵達終點。我們只是坐上輪椅，但其實我們都一樣，我要走出去，

我要讓大家都知道：「對！坐輪椅也可以玩很爽。」

另外，也因為我開始四處遊玩，逐漸認知到「無障礙環境」對輪椅族來說是多重要的事。所以，我們的影片定調為三大方向：「旅行、運動、日常」。但要說定調，其實也沒那麼嚴肅，就是想把我的日常生活呈現在大眾面前，帶大家用輪椅族的角度去看看這個社會。

只有當下，才能傳遞真實

第一支正式的開站影片，我們去了動物園。

受傷後，其實我就沒去過動物園了，加上坐輪椅的相關資訊很少，於是當時想要挑戰看看，在山上的動物園對於輪椅族來說是否友善？加上動物園是公家機關，輪椅怎麼搭捷運、纜車？園內接駁車可行嗎？公家單位的廁所好用嗎？坐輪椅看得到團團圓圓嗎？

做就對了！於是我們的第一支正式影片《跩爆，坐著逛動物園！到底是誰說北極有企鵝！輪椅怎麼爽，讓我帶你玩》體驗了輪椅搭貓纜水晶車廂、園區內的巡迴列車，也體檢了動物園內的無障礙設施。

大部分的動物園設施、看動物的角度、欄杆高度等，幾乎都是以直立人的高度來設置，整天逛下來，我的眼前經常是只有一團雜草、一整張海報與滿滿的欄杆。

更挑戰的是動物園位處山上，如果輪椅族是以手推的方式，非常不建議來逛，真要的話建議加裝車頭。而且許多斜坡都是又臭又長，再加上為了要營造動物生長的自然環境，茂密的草樹也經常遮蔽了輪椅族的視線……。

其實，第一次的動物園拍攝是以很粗糙的方式執行，片子也是以隨興的走拍方式展開，但我不想要很假、按照腳本來進行，我想傳遞的就是自己當下的生活與體感。

我希望，藉由自己真的遇到困境、設施問題與實際體驗後，才能

讓收看的輪椅族感同身受，或者比較不害怕、像我一樣走出家門。同時也可以讓從沒想過會這麼不方便的直立人明白，一些輪椅族的實際處境與狀態。

即使第一次拍片不知道怎麼面對鏡頭，一開錄就超卡詞、閃鏡頭、頭皮發麻、超尷尬，甚至旁邊有人在看我就覺得糗到爆。但是受傷後才體悟到，**人生就只有這一次啊！**更應該把握當下。想笑就笑、想罵就罵，真的不好就直說，這才是我，Leo aka Chairman 椅人！

椅人ＹＴ頻道開站影片：
《全台最懶惰的Youtuber，連站起來都懶！》

第一支正式影片《跩爆，坐著逛動物園！
到底是誰說北極有企鵝！輪椅怎麼爽，讓我帶你玩》

我想把日常生活呈現在大眾面前，
讓大家知道，
坐輪椅就像身高、膚色、胖瘦一樣，
只是一種差異。

Column

椅人360度
無礙搜查隊

沒有障礙的人，只有障礙的環境

我常常說，恐懼來自於想像，沒試過，你怎麼知道你不行。但……有些事情真的試過後，還真的覺得很NG。

舉例來說，台灣的交通就真的很「不行」。

到處演講之後，很常聽到輪椅族或輪椅族的家人跟我分享，許多人受傷之後開始不愛出門。但其實深究他們的內心，會發現他們不是「變得」不愛出門，而是「不敢」出門，深怕會造成家人的負擔與麻煩，也怕在路上遇到很多不便於通行，甚至無法通行的狀態。

我在開始拍影片、成為創作者後，陸續跟大家分享了輪椅族在台灣街頭會遇到的一大堆鳥事。這些在台灣街道上的大大小小狀況，往往就是讓輪椅族不敢出門的最大原因。

無法通行的人行道

最常見的是「人行道無法通行」。

我真心不懂，明明人行道已經夠窄了，卻常常在人行道盡頭設置一根電線桿、變電箱擋在中間，試問到底輪椅族要怎樣才能通過？

另一種常見的狀態是人行道盡頭轉角的斜坡，總會因便宜行事的停車者而擋住去路，搞得我們最後不是挑戰輪椅「下樓梯」的極限，不然就是要滑好遠另找新出路。

還有在台灣，我不懂到底為什麼明明在一樓的店家，卻一定要多

設置一段三、四階的樓梯，甚至很多店家開在只能爬樓梯的二樓，輪椅族根本上不去。或者就算有無障礙觀念、設置斜坡，有些斜坡光看就知道推不上去，或是陡到有翻車摔死的可能性……。

再來是街道上的欄杆，設置時往往是為了要擋住汽機車進入，但其實擋住的是所有輪椅族、娃娃車和推車。更常見的還有身障車格被占用，甚至有了身障車格的停車場，卻沒設置電梯，輪椅族到底要怎麼出去，難道用飛的嗎？

喔對了，台灣人行道常常是斜的，我猜可能為了排水需求，但要推輪椅的狀態下會非常累，甚至高的那端還常常需要煞車……。

如果可以安全，誰想要危險？

幾年前，我讀到台灣廣播節目主持人、同時也是作家的余秀芷的

報導。她說了一段讓我印象深刻的話：「沒有障礙的人，只有障礙的環境。」這個概念深深影響了我後期推廣輪椅族路權使用的想法。

輪椅族需要的不是專門針對輪椅使用者而「改進或改善」的使用權利，而是更該把觀念向上提升到初始的設計上。深具共融式的通用設計能將直立人、輪椅族、娃娃車等所有路人的需求整合，才是最基本該改善的。

我自己則有四個想法：

①一條龍做到好的道路設計

我們真心期盼在交通、道路上，可以擁有深具通用性的設計想法，考慮所有使用者的需求，知道是為什麼要這樣做再設計。我們也想好好地、安全地行走在人行道啊！如果可以安全，誰想要危險？

②顧及身障者的用路權益

我的影片裡拍攝過，台灣有很多地下停車場設了無障礙車位，卻沒有設置電梯，試問到底要怎麼上樓？我常常需要超級奮力地滑上汽車出入口坡道，還要一面閃躲迎面而來的汽車並被按喇叭。

拜託！無障礙車位不是只要有設置、交差了事而已，輪椅族可以免費停四小時又怎樣，沒電梯根本就上不去，停什麼停？能否請設計者設身處地為所有使用者想過一輪呢？

③從頭啟動的共融設計概念

為什麼永遠都有樓梯設在店家前面？我不懂設計，但我總是遇到想吃的、想去的店家（特別是餐廳）即使在一樓，都要多設置三、四階的階梯在前面，更別說那些只開在二樓的餐廳。

我當然知道設立無障礙環境很麻煩、要多花錢，那為什麼當初設置時，階梯不能改成斜坡？從一開始就有通用設計的概念，當然也包含要讓輪椅通行。難道台灣的設計是樓梯才是美學？我真心不懂。

④真正能享受到的，才是福利

我常常也聽見很多人提出質疑，看電影、看劇、看演唱會幾乎都有特別票價、特別座位可以坐，到底身障者有什麼好哭夭的？拜託，請設置者設身處地坐一次那個「特別」位置吧！

我們看電影經常是在第一排最側邊的位置，但誰想坐在第一排全程仰頭看電影？那個位置還往往是走道的出入口，看場電影下來一直被進出者干擾；看舞台劇的時候，也常常遇到輪椅族與陪伴者根本不在同一個位置上。我們也想輕輕鬆鬆地看劇，跟陪伴者交談、分享看劇心得，這些難道很難嗎？

《政府到底幹了什麼？？？台灣無障礙變厲害了嗎？》

沒有腳的攀岩與爬山，隔天變成乙武洋匡的我

沒有受傷之前，我是個熱愛運動的人。就讀華興中學時，我學過攀岩、打過太鼓和響鈴，也會跟朋友一起打籃球，還熱愛跑步。受傷過後，跑步自然是無法體驗了，但我總是想著還能有什麼運動可以持續參加。

回學校的那段日子，我透過廠商資訊輾轉得知尋找很久的輪椅籃球活動，也加入輪椅籃球這項運動。坐上特殊運動型輪椅，學會怎麼一邊推輪椅、一邊運球、投籃等技巧後，我又逐漸回到運動場上。

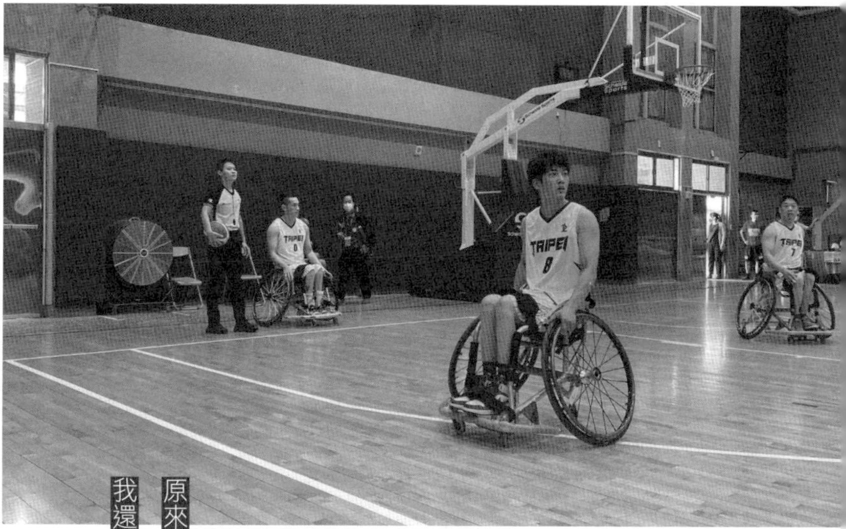

原來，
我還有機會回到籃球場上。

那種「原來這些運動我也都還能參加啊」的開心感是無法掩飾的，也更讓我確定了頻道上要有「運動挑戰」這個類型的內容。

一次，我到了北投運動中心去參加輪椅籃球活動，打完籃球看到了另一端的攀岩場佇立在那裡。國中時有「攀岩小王子」稱號的我心中突然湧起一股熱血，當時的我可是代表班上參加校內比賽的「好手」，如今沒了腳的力氣，我還能攀岩嗎？

「試試看啊，沒試過，怎麼知道你不行！」這句話再度竄出，所以我決定進行一場攀岩挑戰。幾天後，我回到北投運動中心洽詢教練，確定了我的狀態後，當天我們就決定直接上場！

攀岩就是在搏命

攀岩分為傳統攀岩、運動攀岩與抱石三種方式，而我選擇了有預先設定保護點、抓點與踏點也都設好，同時也有繩索確保安全的「運

動攀岩」。當時，協助的教練Allan也很勇敢，在做了足夠的措施後就讓我直接上場了。

一般來說，攀岩是一種需要四肢並用，手腳在協調平衡的狀態下，讓自己在腳一蹬、手一拋的方式中往上攀爬的運動。而我沒了腳的支撐，只剩下兩隻手，套一句教練說的話：「你每一次攀岩都像是在搏命。」

但不管，我就是要試試看。

我用兩隻手撐著身體，加上我的核心也出不了力，所以在攀岩的過程中，我真的體會到彷彿在峭壁上求生的感受，用雙手拉著全身，再使勁讓自己往上，一顆抓點跨過一顆抓點地往上爬。當然過程中遇到了好幾次手沒力、整個抓空的狀態，也真心感謝教練非常認真地在幫我做確保。

其實爬了三分之一後，我的手就開始超級痠了。無法用腳蹬，所以我用盡雙手的力量拉、飛，試著每一次都把身體再往上甩一小格。

最後，我總共成功挑戰了兩面牆，難度超高的第三面牆因為力氣用盡而宣告放棄。但教練Allan也說：「其實攀岩很大一部分是靠著腳的力氣，除非平常有刻意拉單槓訓練手力，甚至需要運用手指的力氣，才能順利向上爬。」他很肯定我沒有放棄的堅持。

總之透過攀岩體驗，我獲得了超大的滿足感，雖然超苦、手超痠，但那天晚上睡得超好。即使隔天起來彷彿全身報廢，變成乙武洋匡般手腳都無法施力的狀態，我還是超級心滿意足。

坐輪椅爬山？帥爆了！

開始拍片之後，我就與導演Harry常想著，還有什麼好玩的事情可以體驗？除了運動之外，戶外旅行也是另一項預設目標。我們找了交通部無障礙旅遊的名冊參考，同時發現陽明山國家公園網站上也有

無障礙旅遊資訊，列出了無障礙廁所、無障礙停車位、無障礙通行通道等須知。於是，我們決定要去挑戰一趟「登山」小旅行。

二子坪在陽明山國家公園內，規劃的「二子坪無障礙步道」全長一點八公里且全程無階梯，更被稱為是一處五星級的登山步道。我在受傷過後就沒有爬過山了，被規劃好的山徑平坦，輪椅滑起來很舒心，即使經歷辛苦的上坡路段，但也真的能如標示所說的，終於能「爬」到二子坪。

二子坪內除了步道友善之外，甚至還設有無障礙坡道的涼亭與廁所等。我很高興原來坐輪椅的自己也可以爬山，回到山裡，原來我還是有吸芬多精的權利，輪椅爬山超屌！

有了這些初期的體驗後，更增加了我們的信心，也逐漸知道怎麼操作影片與頻道。誰說坐輪椅就不能攀岩、爬山？很多人聽到了我的挑戰後，都很好奇究竟怎麼辦到的？我不想被侷限，也很想實際去體

驗與測試看看，即使爸媽會擔心安全，甚至坡道擋不住的問題，但我會實際評估自身安全的狀態、做好確認後，展開體驗。

如果我能用雙手攀上岩壁頂端、爬山，**我相信這個世界上只要我想體驗、想做，就沒有什麼事情可以阻止我。**

失敗的話，那就失敗啊，至少我勇於嘗試過了！

《【椅人挑戰】輪椅籃球，五夾以內都是空檔，
坐著投籃都電你》

《【椅人挑戰】只用手攀岩，
椅人直接崩潰?!導演差點落淚》

《坐著爬山，你跟得上嗎？
二子坪全程無障礙，高級又舒適！》

交通部觀光署無障礙旅遊頁面

陽明山國家公園全球資訊網無障礙旅遊頁面

這個世界上，
只要我想體驗、想做，
就沒有什麼事情可以阻止我。

原來，可以用脆弱來回應這世界

雖然好朋友們都說我與Harry的打打鬧鬧很有趣，一起想著要拍什麼影片時也充滿興趣，但回歸到我的個性，我是一個很ㄍㄧㄥ的人，不喜歡脆弱的那一面呈現在大家面前，更不喜歡在父母面前示弱，甚至哭泣。

所以如同前面說的，在受傷那段經歷時，我一次都沒在爸爸媽媽面前流過淚。

住院期間，我在醫院待了八個月，後來自己逐漸復原時才發現，

並不是所有受傷的人都能像我這樣忍住。我看過有家庭的爸爸，因為受傷無法承擔一家之主責任而痛苦；也聽過有人因為受傷而離婚、自殺，甚至很多傷友精神崩潰。

當然除了傷者本身之外，照護者的身心也是充滿了煎熬。我還曾經看過來醫院照顧受傷女兒的母親，照顧到最後，自己也崩潰用頭去撞牆……。

在醫院，除了肉體上的傷，心靈上的傷也同樣需要被好好地接住與照護。

自信，來自於勇於嘗試

我想，人都是喜歡聽故事的，若是沒有遇過的事情，也很難深切地感同身受。既然我自己經歷過那些重大事件、走出（？）受傷低

潮，甚至回到學校之後，往後的大學三年也狠狠地、認真地玩過一回，至少可以把自己的經驗、怎麼走出來的歷程，在鏡頭前公開。

當時很多人問我，怎麼有勇氣這樣面對鏡頭，說出、揭露自己最脆弱的那段故事？我想是因為經歷了那一切，嘗試挑戰各種不同事物之下，逐漸長出了自信心。我深深覺得，自信心的成長是來自於勇於**嘗試新鮮事物！**

還記得第一次要拍攝談話性主題《椅人受傷後的心路歷程》時，我根本不敢看著鏡頭說話，卻要交代自己是怎樣走到現在的狀態。當時只是希望透過拍片，將很想傳達的訊息送給那些還沒走出家門的傷友，或者需要陪伴他們的照護者們。

影片裡的我是真實地走過了那段時光，而那些尚未能走出來、迎向這個世界的人，哪怕是一個人看到也好，至少就有人理解我在幹嘛、得到鼓勵。

我不會說拍片鼓勵大家走出來是一種使命，但希望至少自己可以當領頭羊，讓那些還在幽暗角落、處於痛苦低潮、如無頭蒼蠅一樣的傷友知道，至少世界上還有一個這樣的夥伴。透過我的自我揭露，願意聽我的故事，帶給他們一點點希望與鼓勵。

我不是生命鬥士，我只是我自己

《椅人受傷後的心路歷程》上片後，其實我的爸媽看了也很驚訝；許多我沒在他們面前說過的話、分享過的心情，也都如實呈現在所有人的面前了。這部影片怎麼只有二十七萬次收看，給我去看，然後訂閱、按讚、分享出去！！！

雖然我沒有每一則留言都回覆，但每一則我都認真看了，也放進心裡。看著那些感動或是回饋，甚至因為看完影片而真的想試試看踏

出戶外第一步的傷友，知道他們理解我在做的事，能分享自己當時脆弱的過往，能為他們帶來幫助或解答，都讓我感動。

曾經有一對身障情侶看完影片後留言給我，他們說從來沒有想過，原來身障者也可以外出旅行。看著我出發，也讓他們決定不怕艱難地挑戰一次。也有人留言說，我是他們的浮木，在汪洋的大海中出現了一處能抓住的依靠。

我記得有次上臺演講前，主持的老師以「生命鬥士」來介紹我出場，他形容我：「我們一般人可能都做不到，但椅人做到了，我們歡迎生命鬥士——椅人。」當下我並沒有什麼回應，順順地上臺演講完了既定要說的內容。只是我自己非常明白、肯定與確定的是，我其實沒有那麼偉大，更不是（也不想成為）所謂的生命鬥士，努力在活著那一分一秒的人，但我不是。

我只是做自己，分享自己最低潮時的經驗，不說勵志的話，不回應什麼一定會變好之類無意義的話。

為什麼一定要勵志？就算這時候的我很悲觀很負面，那又怎麼樣？你們沒經歷我經歷過的，憑什麼要我變得正面，或者說那種「一定會變更好」的話？更好的定義又是什麼？

我也覺得不一定要很正面，偶爾的喪志與沮喪反而才是好的。經歷過低潮，反而能讓自己休息與沉澱，甚至是修復心靈，真正去聽自己內心的聲音與感受，看見更真實的自己。

一部分的我在車禍的那一年隨著雙腳而死去，一部分的我揭露在螢幕前，與大家分享最真實的自己。我像《哈利波特》的重生石，傷心的、難過的、脆弱的、帥氣的、玩樂的……臭屁的，都是一個嶄新的我。

《撥開椅人內心世界》

我其實沒有那麼偉大，

更不是（也不想成為）所謂的生命鬥士。

我只是做自己。

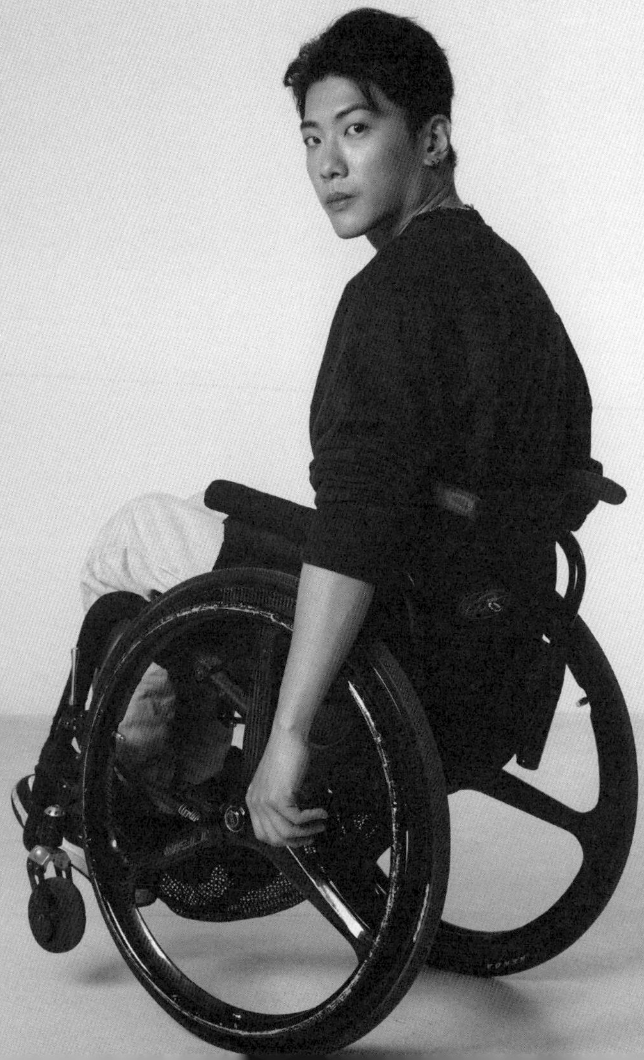

Column

椅人360度
無礙搜查隊

飆車吧！椅人

脊髓損傷之後，我的日常生活環境與方式改變了。其中跟我的行動、交通息息相關，也是我人生目前最重要夥伴的，就是輪椅、汽車這兩項交通（？）工具。

有了這兩項極為便利的工具後，讓我的生活至少可以自由自在、隨心所欲，想去哪裡就去哪裡，所以也成為我重要的生活夥伴。

生活小夥伴1：改裝汽車

先說說關於汽車。

成為YouTuber之後，大家最常問的除了傷勢相關的事情之外，很多人會問我關於衣著的事情。我經常穿黑色的衣服、褲子，大家總覺得我似乎很喜歡黑色？（也是懶啦，黑色好搭好看）

其實這跟我平常的開車習慣相關。很多人好奇我下半身無法出力，要怎麼上車、開車？我的上車步驟是這樣的：打開駕駛車門之後，我會先將輪椅煞車固定，接著把我的雙腳放上駕駛座的腿部空間。這時候需要稍等一下我腿部的張力反應，反應告一段落後，右手抓汽車手扶把，一鼓作氣地把身體抬起，讓身體坐上駕駛座位置。

身體調整好之後，還要把輪椅上的氣墊坐墊收起來，將輪椅煞車打開，從輪椅坐墊中央拉起束帶，順勢收合輪椅。再借力使力將輪椅提上來，滾過我的身上，拉到後座。

這也是為什麼我總是要穿黑色衣服。輪椅在滾過我身上時，穿其他顏色的衣服往往會留下髒污或痕跡。久了之後，我乾脆都搭配黑色衣服，看起來不會髒，黑色也能襯托我的帥！

對了，也趁此機會說明，因為我們上下車都需要車門旁邊有足夠空間讓輪椅上下，這是無障礙車位的重要性。左右都留有較大的走道空間，對輪椅族來說是非常重要的。（請大家不要再占用無障礙車位了喔！！）

另外，車子的一部分也是改裝過的。我是在中和的改裝廠改裝汽車，在方向盤左側加裝了適用於手來控制的推拉桿，正確名稱叫做「油門煞車連通桿」。這個推拉桿的使用方式是用拉的，拉相當於踩油門，推的話就是煞車。改裝了之後，我就可以用左手來控制車子的行進速度。

不過也因為需要左手開車，只有右手操控方向盤，所以方向盤上

輪椅族開車，
很不一樣，
卻也一樣地追求自由自在。

也加裝了方向助力球——對的，就是以前阿公會安裝的那顆小球球。我都稱它為阿公球球，在許多需要大轉彎的時候，使用這顆球球就可以單手過彎。

另外，我還因為開車方式不同，需要重新考身障駕照。不過受傷前我已經有了汽車駕照，考取身障駕照時可以略過筆試，直接考路考。偏偏我又是第一期的駕照路考，只能說路考條件與方式，實在不是非常好的制度與體感……。

生活小夥伴2：輪椅

再來是我的輪椅，對現在的我來說，輪椅可以說是我的第二雙腿，長期陪著我到處行走、遊玩的好夥伴。

我的輪椅是在車禍後換了幾次，才買到現在這一款。這款輪椅屬

於「高活動型輪椅」，購買這類型的需求當然是因為我自己也是活潑好動款，所以需要這種性能、機動性都高的輪椅。

我這款高活動型輪椅是碳纖維輪框，比較輕巧，也讓我開車時能夠比較容易整臺抬起來放置。然後輪椅的座高、輪距，甚至後輪傾角都可調整，能讓我在活動時更適應台灣各種奇奇怪怪的地形，因應各種路上會遇到的「挑戰」。

我還有兩個好夥伴。因為要長期坐著，所以我在輪椅上時需要氣墊坐墊。我用的是Roho氣墊座，這個氣墊座可以配合我的身形與坐姿，進而在長時間移動時，保護皮膚不會磨擦受傷或產生臀部壓瘡；也可以提供支撐力，改善我坐姿不正或有時傾斜的姿態。

最後一定要說說輪椅另一個好夥伴：車頭。大部分時間的我都以手滑的方式滑行輪椅，但如果要去旅行或有長時間移動的需求，我就會在輪椅前面加裝「電動車頭」。我買的是一款可以快速組裝連接輪椅，也可以簡單收合起來的輪椅車頭。

裝上這個車頭之後，我的輪椅就變成了大家口中的「電動輪椅」，像是騎摩托車一樣的操作方式，加速就可以往前。車頭的時速最高可到達二十公里，有了車頭後，我可以更自在地前往距離不那麼遠、用手滑行卻太累的地方，是旅行時的好伴侶。

車頭我的愛，襯托我的帥?!（笑）

《椅人私藏輪椅神器！——跌倒了該怎麼辦？下雨天又該怎麼辦？》

《身障者該如何開車，要跑一場嗎？我讓你兩隻腳，椅路向北》

第一次衝浪，以後再也沒什麼事不行了

成立ＹＴ頻道時，我並沒有意識到要當什麼「網紅」或「ＫＯＬ」，其實只是把自己想分享的事情、平常在做的事情，透過影片讓大家知道。同時也揭露某部分的自己，希望可以成為傷友走出來的一點點動力。

我猜可能是因為我帥，或者有那麼一點點勵志？幾支影片上了後，媒體就來找我上節目了。

我記得那是二〇二〇年五月的時候，大愛電視臺的《圓夢心舞

台》節目來邀約。那是一個以完成夢想為企劃的節目，執行企劃從一開始的溝通就問我有沒有想要實現的夢想？我思考著以前可能在夢裡想過的「去北歐看極光、去澳洲跳傘」這種天馬行空的事情，但後來，「衝浪」突然浮出我的腦海。

衝浪，或是被浪沖？

不過，我一開始提出「想去衝浪」時被打槍了，因為坐輪椅衝浪應該幾乎是不可能的挑戰。他們要我再繼續想想有沒有其他夢想。

沒想到幾天後，企劃突然來訊說：「衝浪可以挑戰了，我們找到願意帶你一起試試看的教練。」對我來說這真是好消息，我本來就喜歡大海、水上活動，衝浪是可以親近海、靠近水的體驗；加上我不怕水，經過安全評估考量後，決定勇敢接受挑戰！

體驗衝浪的當天，我抱著滿懷期待的心情參與企劃。我們從台北抵達宜蘭的烏石港找「蕃薯衝浪」的教練們，經過簡單講解，開始往海邊前進。

想當然一切都是不一樣的困難。我光從出發到海邊就是困境，一進入沙灘，我的輪椅就無法使用，只能倚賴導演Harry一路揹我到海邊。緊接著，上浪板又是另外一件事情。我受傷的是胸椎以下，也就是說除了雙腿不能施力之外，我的核心也只有一般人的一半。雖然我一點也不擔心水的問題，身上也穿了救生衣，但內心仍有另一個小隱憂：我的腿沒有痛覺，所以如果在過程中，腿部受傷、撞傷，我也不會知道。

一開始，教練在沙灘上教我用趴式的方式上浪板，請我儘可能利用核心讓身體撐起來。就這樣，我們出發了，我身邊圍繞著三、四個教練，加上兩個朋友一起協助我。

我很快就發現，趴著的我除了核心不夠力之外，背肌也很不夠

力。教練讓我在白浪區體驗看看，但趴著的我很無助，也不太能順利地平衡與控制，我甚至吃了好幾口海水。

他們一起協助我往外推，轉過浪板方向，再順著浪衝回岸邊。第一次順著浪沖回到岸邊時，從浪板上掉下去的那一刻最可怕，因為我無法用核心讓自己撐坐起來，只能載浮載沉地在沙灘上抵擋一直打來的海浪。

越過那道浪，我真的衝起來了

第一次挑戰時雖然有短暫進度，但大家都知道這個姿勢不太適合我，也有太多危險性，於是討論後，我們決定以坐姿的方式再試一次。改用坐姿突然變得順暢多了，教練們一個接著一個地把我的浪板往外送，越過一道又一道浪，到差不多的位置之後，再把浪板迴轉。

一迴轉，身後的浪開始把我往前打，教練一個呼喊：「浪來了！」坐在上面的我還沒來得及緊張，教練就把浪板盡力往前推。我用雙手維持著身體跟浪板上的平衡，下一秒，整個浪板開始隨著浪往前衝，越過一小道白浪，浪板就這樣真的開始在浪上跑了！

我用盡身體的力氣維持在浪板上的平衡，順著浪板的速度，風、海水打在我的臉上，我持續用力維持穩定，一面感受，原來這是衝浪的快感啊！帶著一點速度與刺激，更多的是平衡身體的挑戰。

「我真的衝浪啦！」

這次真的順利衝回岸邊，不只我，連一旁的教練、遠方的朋友，用鏡頭紀錄下來的導演等，大家都開心地拍手了。雖然教練顧及安全，僅在離岸不遠處讓我體驗衝浪，但我的的確確享受到了「被浪沖」的快感與速度感。

我知道這絕對還稱不上真正的衝浪，但至少在能力所及、教練協助之下，我感受到了那種在海上無拘無束的快樂。

即使坐著，
我也能跟著浪跑，
體驗衝浪的快感。

電視臺的人問我感想，當下的我雖然說不太出來，但其實內心覺得超級快樂、超級滿足、超級有成就感，真心謝謝自己答應這一次的企劃。雖然那天上午拍完衝浪後，下午還進棚拍了好久的節目，但我一直沉醉在既疲憊又滿足的體驗中。

體驗，才能創造更多的連結

第一次被採訪、第一次被媒體拍攝、第一次上電視臺，分享有障礙有故事的經歷，就這樣結束了。要說這次的體驗是接受電視臺採訪，我更寧願說這是一次自我圓夢計畫，讓我覺得生命就應該把握當下，放膽去做。

透過這次的體驗我也深深了解到，只要想做，全世界都會盡全力來幫你的真正意義。其實，我之前一直有點抗拒「麻煩別人」、「不

想成為累贅」等等內心想法，有時候反而因為麻煩別人而有了新的連結，甚至達成雙方的成就感。

就像那天在現場，身材黝黑、笑起來很帥的教練們，其實他們都是衝浪高手，卻願意為了我，一個接一個不嫌麻煩地把我往外送，在海裡頂著浪流形成保護傘，時時刻刻守護著我體驗的每一刻。

當我真正衝浪到岸邊時，每一位教練真誠地笑著、拍手著，他們真心不嫌麻煩，真心跟我一起完成了這個挑戰，我也深深相信他們的滿足程度也不亞於我。

麻煩的我，拉近了彼此之間的關係及心。果然有些革命情感，真的是麻煩麻出來的啊！

《【椅人挑戰】不用腳也能衝浪，沒有甚麼不可能，試過才知道 feat. 大愛電視、蕃薯衝浪》

不管變成什麼樣子，都有追夢的權利。
人生沒有什麼是不可能的，
只有要不要去嘗試！

充滿髒話的那場演講，爛透了

我是在二〇二〇年開始經營ＹＴ頻道。雖然不是想要成為什麼意見領袖，但隨著電視台邀訪的節目曝光，上傳越來越多影片後，我也逐漸收到了一些回饋。這些回饋來自於周遭開始有人分享，因此看了我的影片，受到感動、受到鼓舞。

也有在網路上不認識的觀眾留言給我鼓勵，甚至更多傷友傳訊問我照護相關問題，更有人願意寫一大段心裡話給我，跟我分享他正走在低潮中的故事。

絕大部分的時候，網路上的私訊我會好好地、認真地回應留言。我沒有要當心靈雞湯的老師，但至少可以當一個傾聽者，網路這端的陪伴者。

做不好，反而是一個激勵

大約在經營頻道三、四個月之後，開始收到一些實體演講邀約。其實收到邀請的我覺得很驚喜，也覺得很莫名。驚喜的是原來我的故事與影片已經開始被看到、共感，莫名的是，我不是什麼生命鬥士，只是一個平凡人，怎麼有辦法站上演講臺，還要把自己的故事說給所有人聽，我應該還不夠資格吧？

總之就在這樣的想法之下，我陸續拒絕了一些演講邀約，一方面覺得自己連面對鏡頭都還有點生澀、卡詞和尷尬，一方面也覺得還不

夠格，還沒準備好。

沒想到，後來我的母校世新大學傳訊來邀約，希望我可以回學校演講，分享自己的故事。邀請單位就是之前我返校時被安置的「資源教室」，邀請的老師希望可以用我的故事來跟正在讀書、即將進入社會的學弟妹與身心障礙的同學們分享，我是怎麼「走」出來面對我的未來。

從小就不是什麼三好學生的我，從來沒有過什麼上臺演講的機會，但既然是母校的邀請，即使沒有任何一次演講經驗，也沒試過對臺下觀眾自我揭露，這一次，我決定要勇敢答應母校的演講邀約。

因為失敗了，更想把事情做好

演講當日也真的很混亂。首先因為是分享講座，並沒有強制學

生參加，所以當天臺下只有十二位聽眾，之中有八個是我的朋友，妙吧！我在一間教室裡開始人生第一次的演講，老師也沒設題目給我，簡單的講座海報上放了我坐輪椅的照片，大大寫著「Chairman椅人」三個字。

上臺後，在我意料之中的，我很卡詞、很緊張，即使臺下坐著有一半以上都是認識的人，但我還是連連吃螺絲，分享得很沒有邏輯。我知道自己講得不夠精彩，也太口語，太像平常的說話方式了，臺下除了朋友給的反應之外，其他同學都是平平淡淡。

朋友給我的回饋是：「講太多髒話了！」（大笑～）總之，人生第一場演講就在有點失敗、被說禁語太多的狀態下結束了。乾！那場演講我真心覺得自己爛透了。

不過，雖然表面上看似是失敗的過程，我自己回家後深夜想想，竟然也覺得好笑跟幽默。這樣的我竟然也可以在學校對著其他人開講，這樣的我故事說得這麼爛，大家還是全程坐著聽完了（很多同學

其實也只能坐著）。雖然我覺得這次搞砸了，卻也激勵出想做好的決心，如果還有下次，我可以做得更好。

對了，順便也藉此機會大膽分享，世新大學的演講，兩個小時鐘點費只有一千六百元，當時雖然沒有覺得怎麼樣，但後來才覺得學校對待校友的方式還真……特別。

最合適的，就是表現真實的我

有了回母校演講經驗後，我陸續硬著頭皮接了幾場也沒有表現很好的活動。五個月之後，我再度站上演講臺。

那是一場木柵高工的演講，當我滑著輪椅進場時，同學給予熱烈的掌聲。那一天的我不知為什麼，突然覺得能量滿滿，也開始對自己想要說的內容有點信心了。每次上臺都很緊張、語無倫次、無法順利

說下去的情況也突然消失了。

前一天用心準備的簡報讓我順暢地從出車禍開始講起。我把平常生活中會說的一些幽默玩笑放進演講中，例如以霍金為例，跟大家說他「上知天文、下肢癱瘓」，也同時穿插一些互動式問答，要大家舉手說說心目中的無障礙是什麼、對輪椅族的刻板印象是什麼？

當然，我偶爾還是忍不住說了一點髒話、批評一下教育，但最終我成功地讓學生們好好坐著，安靜聽進去了我的故事及想傳遞的無障礙觀念，也非常謝謝木柵高工的同學們給我這麼大的回應。

演講到最後，幾乎是以獲得滿堂彩的方式結束。有些老師甚至主動來跟我分享，從來沒看過學生這麼熱情回應；也有同學留下來等我，謝謝我的分享。

他們跟我說：「聽完演講就像再次看了你的影片內容一樣，有趣但也發人省思，一點都不覺得有隔閡。」

我終於知道了最適合自己的演講方式，那就是「表現出最真實的

我」。偶爾講講幹話或屁話，不批評也不抗爭，而是自然地讓大家知道我生活中的環境，還有這個社會帶給我們輪椅族不便利的現況，同時也分享我自己日常挑戰的心情與過程。

嘗試體驗，找出想要和不想要的

我喜歡叫大家多多嘗試自己感興趣的事物，一定要去「體驗生活」。不管這件事最後感覺好不好，或者算不算成功，但只要有了行動，那個過程就是自己的一種滿足與體驗，不要侷限自己。

像我從小不知道自己的興趣是什麼、想做什麼事，當我開始嘗試做YT頻道後，才知道要多方嘗試。各式各樣的嘗試過程中，有一天或者某一個過程中，那種「突然知道了」的興趣或感覺就這麼出現了。如果在這過程中失敗了也沒關係，至少能知道「原來我不想要的

是什麼」。

失敗並不可怕，可怕的是連失敗的機會都沒有。如果沒有付諸行動，也就沒有機會去體驗失敗，不是嗎？我不想當只是想想而已的人，如果說失敗很可怕，至少我也要感受一下失敗的酸甜苦辣。

你問我以後想當什麼樣的人？現在的我會說，可能我會當太空人？哈哈，怎樣，有何不可呢？試過才會知道，而且在太空，腳也沒啥用吧?!

失敗並不可怕，
可怕的是連失敗的機會都沒有。
只要有了行動，
過程就是自己的一種滿足與體驗。

時隔十年，我竟然還能上臺表演、跳舞，甚至飛起來了？

演講經驗逐漸累積，影片也逐漸受到一些關注之後，我竟然受邀去當全國身心障礙運動會「表演嘉賓」的挑戰，主辦單位還說要讓我站起來、飛起來！這次的演出真的是個令我印象超級深刻的經驗，我這輩子都不會忘記這場演出。

雖然我說過自己是I人，但其實高中的我過得也算是很多采多姿。就讀中正高中時，我參加了康輔社。學期末的成發節目裡，我們

設計了一系列表演，演戲、跳舞、手語、唱跳等將近三小時的活動。

當時，我還擔任音樂愛情劇的男主角，也跟著大家一起跳了Locking及開場，即使沒有很專業或具備什麼舞臺經驗，但青春不就是轟轟烈烈玩過、鬧過一回才算數？不過受了傷之後，我從沒想過還可以重返表演舞臺，還要挑戰主辦單位所說的舞蹈，甚至飛或跳？

我，飛起來了！

這次的邀約是來自全國身障運動會，我要擔任開幕典禮的表演嘉賓。我其實收到來信時有點忐忑不安，猶豫了好幾天才決定接下這個重擔。因為事隔十年，高中康輔社之後又要再次站上舞臺，雖然同樣也是演戲、跳舞，但我已經十年沒有上臺了，何況現在的身體狀況已經完全不同，我，真的可以嗎？

決定接受活動邀約後，我展開了幾次練習。活動表演共有兩個場次，第一場「椅人的獨白」是和舞空術的合作，內容是我一路走來的歷程，最後會以無重力裝置把我架起、騰空飛翔的意象表演。第二場「榮耀之旅」則是跟新民高中的同學一起表演舞臺劇，以及「舞動台灣、迎向世界」的竹節舞。

為了這兩場的表演，我去了苗栗三義與台中至少四、五次，印象深刻的是在三義練習要讓自己飛起來的裝置。

這場表演需要把我綁在裝置上，做出騰空飛翔的動作。開始練習時，他們會把我的腰整個固定在裝置上，跳舞到一半，我要做出起飛往上的動作。但第一次練習時，裝置把我騰空架起、真的飛到空中，我卻整個人倒吊垂在機器上，呈現完全直立起不來的頭下腳上狀態。

我無法控制自己地垂吊著，於是老師與同學們第一次試著撐起身障人士，畢竟大家都因為我近乎吊掛在半空中而嚇到了。

被吊上近乎一層樓高的我才知道，我以為可以騰空自地飛翔的動

作，其實要用盡全身的力氣挺直，類似空中瑜伽或吊鋼絲一樣，背肌、核心都得要用力繃緊才能挺直身體，畫面才會呈現我是直立飛翔在空中的樣子。所以知道了身體狀態後，我們再多練幾次，我才抓到直立飛起的技巧。

第一次嘗試無重力裝置雖然完全不怕，但也無法控制地上下顛倒。經過三、四次的練習後，從一次次失去重心垂吊在機器上，到慢慢找到自己的重心極限，表演的時候甚至能偷偷旋轉了起來，一切真的是非常美妙。

受傷的身體，逐漸醒了過來

另一場表演，則是要跟高中生們一起合作，我被賦予了戲劇及跳舞的演出。我從來沒有想過，變成輪椅族的我竟然還有這樣的機會站

從生疏到真的飛起來，
我再次挑戰了身體的極限。

上舞臺，有對白的戲分，甚至是以我為中心的舞蹈。

其實真正排練沒幾次，就要迎來開幕典禮。但正式登場前，得知因為遇到疫情警戒的關係，開幕活動當天不能讓民眾入場參加和觀禮，我們的開幕變成僅能線上直播的表演。雖然帶著一點失落、無法聽到觀眾掌聲，但我也慶幸還好沒那麼多人在現場，我才沒有怯場，壓力也不會那麼大。

當我真的在開幕典禮騰空飛起，身體直挺挺地成功讓自己飛在空中、隨音樂搖擺與舞動；當我真的如劇本那樣走位、說出對白，跟著同學們一同在場內快樂地跳舞、遊走，這一切真的很美好。我就像做了一場夢一樣，彷彿受傷後的身體逐漸醒了過來，甚至我真的展翅高飛在空中了。

我真的很享受這種在舞臺上表演的感覺，辛苦栽種、施肥、澆水，到最終，我們都採收了那顆最美好成熟的果實。直到現在，我還會偶爾想起那些飛起來的時光。

你問我滿意自己的表現嗎？我會說，當然再來一次能做得更好，可是反正我盡力了，所以我滿意極了！也因為那段時間超級頻繁地麻煩窗口，協助了非常多的溝通與協調，還不小心收穫了一個妹妹，至今為止都是我的小妹。

《受傷後的第一次舞臺表演起飛了，全國身心障礙國民運動會開幕表演全紀錄片（上）》

《受傷後的第一次舞臺表演起飛了，全國身心障礙國民運動會開幕表演全紀錄片（下）》

嘗試之前，成功機率永遠都是0%，做就對了！

有了幾次的拍攝經驗後，我發現那些看似不可能的挑戰，對我、對頻道的觀眾來說都是極為新鮮與開眼界的。

藉由觀眾們的回饋，我也呼籲大家可以多多告訴我，還想看我挑戰什麼樣的活動，我也就真的一次次去嘗試了在別人眼中「看似不可能」的各種挑戰。

我們仍擁有，探索世界的權利

頻道一開始挑戰了衝浪、爬山後，其實有些家人朋友有點擔心，以我這樣的身體狀態，真的負荷得了這些高強度的挑戰嗎？雖然我總是笑笑地回應「不做怎麼知道你不行」這樣的臭屁話，但其實內心深處知道，因為走過那段艱辛的路程，所以更能感同身受，那種撕心裂肺、失去行動能力的痛苦。

我想著，若是可以把自己的經驗分享出去，讓大家知道：縱使上天奪去了你行走的能力，但還是留給你繼續探索這個世界的權利。

也是因為成為輪椅族，我才更努力地想探索輪椅族能去的無障礙景點；在成為輪椅族後，我才意識到很多還沒受傷前，我認為輪椅族不可能做到的事情，我都必須積極嘗試。唯有真實地去體驗與挑戰過了，才知道行不行。所以我積極地去嘗試突破這些挑戰，縱使坐著輪椅，還是做了很多自己以前覺得不可能的事情。

身障潛水讓熱愛海洋的我，
依然能體驗海的魅力。

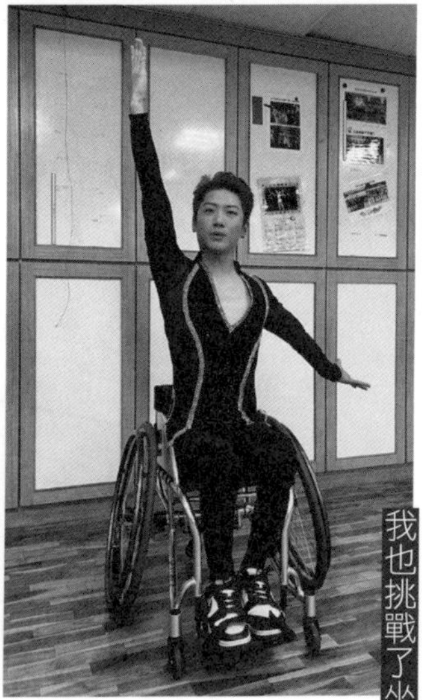

除了運動，
我也挑戰了坐輪椅跳國標舞。

我出國玩、露營、攀岩、玩SUP、玩飛行傘、跳國標舞與現代舞，甚至去體驗了各種看似不可能的運動：游泳、拳擊健身、打網球、羽球、壘球、潛水、籃球。

對了，我還參加了一個從沒體驗過的運動——擊劍！

穿上整套的劍擊服、電裙，拿起劍，擊劍並不是一個純靠體力的運動，而是需要動腦、帶點鬥智。坐在輪椅上的兩方選手在近距離的狀態下，要試著用敲刺、架劍、換側刺等方法，刺到對方的上半身。當劍成功刺到對方有效部分時，劍上的感應器就會感應得分。

也因為知道這項活動的人少，我參與幾次之後就受邀代表台灣去參加國際比賽，甚至連續兩年，去了義大利、匈牙利比賽。當然，玩票性質的我只練習了不到一年。還記得我的第一個對手是個英國人，他說他練習了十二年，而練習不到十二個月的我，自然被電爆，但有在他手上拿一分，我還是很開心可以擁有這個體驗與回憶。

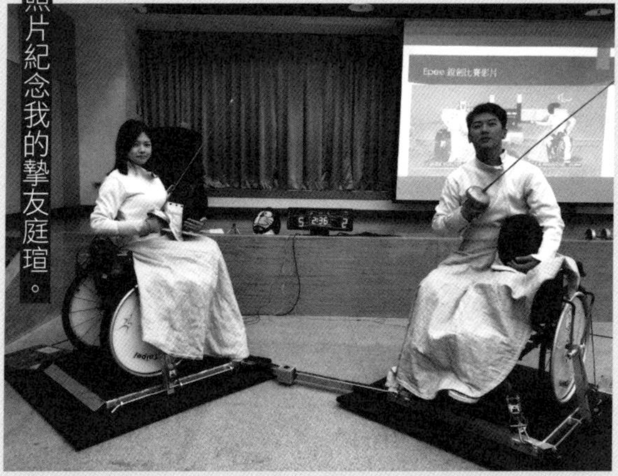

以這張照片紀念我的摯友庭瑄。

練習十二年的英國人與練習十二個月的我。

滑雪滑起來！坐輪椅也可以

後來，去年我很榮幸受到日本單位的邀請，去日本長野體驗了一次「輪椅滑雪」。大家都以為滑雪是要腳能動的人才能做的事，但沒想到日本的設施讓輪椅族也能自在地馳騁在雪地上。

不過說是輪椅滑雪，更正確地說，其實是被教練推著，像是娃娃車一樣地滑下來。那是我第一次摸到真正的雪，當然也是第一次滑雪。他們把我安全地綁在一架像是雪橇座駕上之後，由專業教練帶著我上山頭，從高處往下滑。

那不是想像中的直直往下衝，而是左右轉彎地俯衝，所以與其說我在滑雪，我會形容更像是一場雪中的雲霄飛車。速度感與風速都很強，坐在前面的我在雪地裡馳騁，彷彿是在那片銀色大地裡飛了起來一樣。

也是因為去日本旅行、體驗活動，後來的我更深深堅定要在台灣

輪椅族的滑雪，
更像是馳騁雪中的雲霄飛車！

推動無障礙設施的信念。在日本富士見高原飯店的藤田先生的分享中，了解他們對於無障礙設施的重視與貼心，是台灣根本遠遠不及的。我很希望未來台灣的觀念可以和日本一樣，「沒有障礙的人，只有障礙的環境」；永遠應該是環境去適應人，不是人去適應環境。

就像我去日本時候深刻體會，那些無障礙設施是可以被設計出來的。即使是滑雪、泡湯這些場所，輪椅族也都可以體驗，完全不用放棄這些人生中的享受。

然而有些體驗，受傷之後才變得深刻

體驗了這麼多運動中，當然不是每個項目我都會得到滿足或成就，例如壘球就是一項對我來說「一點成就感都沒有」的運動。雖然我算是運動細胞好的人，但不知道為什麼，我就是完全抓不到揮棒的

節奏，根本找不到擊球手感，當然一點也沒有成就感，更別說會對壘球產生興趣。不過就算對壘球這樣無感，我也一點都不後悔去挑戰與嘗試。

這些都是我受傷後才擁有的深刻體驗。我知道，有些事情不當下立刻做，隨時可能錯失機會。所以不管是成功或失敗、有沒有興趣繼續，我都很想走出第一步。畢竟所有事情在嘗試之前，成功機率永遠**都是0%，做就對了！**

對了，其實還有人邀我去爬步道，但那就是像抬轎子一樣要把人抬上去，這種方式跟我的理念不太一樣，也並非屬於我自己的挑戰，所以我拒絕了（因為根本也不是我在爬）。也有人問我要不要去體驗極限滑板、極限跳板，我也有禮貌地婉拒了。目前的我還想活著喔，危及安全的事情，我就先謝囉～～哈哈！

《腳都不能動還可以潛水嗎?!
水肺潛水輕輕鬆鬆啦！
Scuba Diving》

《這個舞可以牽到女生的手，
坐著跳給你看！》

《坐著打網球，輪椅費德勒，
第一次就挑戰國手就是這麼刺激！》

《不需要用腳也能滑雪！
誰跟你站著滑我都坐著滑的，
第一次看到雪好開心，
可以站著的百萬輪椅？？？》

《坐著還能跳舞嗎?!
說不定跳的比你還好，
首次挑戰現代舞 ft.
國家兩廳院 & 蘇威嘉老師》

《坐輪椅飛輕航機，
我在天上飛！！
花蓮網美景點，爆拍美照—
輪椅怎麼玩？讓我帶你去》

《【椅人挑戰】坐輪椅怎麼打壘球，
最美壘球教練教你打，
2028 年帕運新項目》

《【椅人挑戰】坐著打羽球也行？
跟椅人一起前進東京帕運！！》

《【椅人挑戰】挑戰擊劍代表隊?!
輪椅擊劍，劍劍刺進你心，
前進帕運！》

《坐輪椅也能玩 SUP 立槳嗎？
坐著也要跟上流行吧~》

《【椅人挑戰】拳擊健身房初體驗，
一堆巨巨讓椅人直接受不了?!》

《坐輪椅也可以去日本泡湯？
整臺輪椅下去泡湯你看過嗎？
還不快買機票飛日本，
太神啦日本！》

《關於這次日本輪椅泡湯行
我有話要說……》

突然間，輪椅變成了時尚代名詞？

當YouTuber是一件很有趣的事，除了我跟導演自己設定的活動、挑戰之外，也漸漸開始有了其他機會找上門來。《坐輪椅後還可不可以做愛？》上片後，得到很大的迴響，觀看人數也高達一百多萬。就在這支影片之後，突然間，我感受到認識我的人變多了，也逐漸確定了頻道的方向。

之後，受到幾次偶遇而認識的YouTuber「夫夫之道」邀請，讓我有機會以演員身分參與他們頻道中的單元「夫夫劇場」演出，也甚至

有了性別平權的意識去思考問題。

我也參加了關鍵評論網「未來大人物」的徵選，二〇二二年入選，認識了一群差不多年紀、同樣走在倡議路上的年輕人，也交到了幾位好朋友。我甚至還以追蹤人數最少人的影音創作者之姿，入圍了走鐘獎。最後雖然沒有得獎，但也讓我認識了好多優秀的創作者。

媒體的邀訪、節目拍攝多了之後，我開始感受到自己在做的事情挺有意義，也為我的人生帶來了很多不一樣的改變與觸角——例如「受邀到台北時裝週走秀」就是一件很特別、從來沒想過的活動。

第一次走秀，我要驚豔全場！

二〇二三年，我收到一個很特別的訊息，是「Story Wear」主理人冠百邀請我去走台北時裝週。

說真的，「走秀、時尚」這件事情根本從來沒出現在我的腦袋過，我以為模特兒就是一群身材很好的人，應該是專業的直立人；而我是個輪椅族，從來沒想過自己的狀態可以當模特兒，還有要怎麼「走」秀？帶著懷疑跟好奇的心，我答應了這次邀約，也想著可以把這個特別的經驗拍成影片跟所有人分享。

這確實是一次很奇妙的體驗。邀請我的是以「不製造一次性垃圾」為創意設計的品牌「Story Wear」。直到第一次到現場溝通時才知道，這場秀充滿多元性，他們邀請了各領域的人一起走秀，例如娘娘、超認真少年、SALU、「法律白話文」的珞亦，也有明星歌手。而這樣的我竟然可以跟一群大咖走上伸展臺，而且直到現場開會時，我才知道原來我還要表演一場輪椅秀，跟歌手吱吱一起跳舞。

事先聯絡時，溝通窗口問我有沒有可能用輪椅來做些什麼炫技的動作？我想了一下，跟他說目前我會翹孤輪轉圈這個技巧，但我知道輪椅其實還可以做另一個酷炫動作「輪椅下腰」，只是當時的我還不

會，需要找人練習一下。

大家都確定這個可行之後，壓力就到了我身上。其實，導演原本只想要我簡單地翹孤輪就好，但我覺得那樣不夠！我的第一次走秀，我想要更挑戰、更驚豔全場的動作。

我去找了受傷後認識的輪椅籃球隊學弟，學弟有個特別的招式是可以從輪椅上往後側身倒到地上，再把自己拉回來、坐回輪椅的「輪椅下腰」招式。我跟著學弟的說明，練個一、兩次就覺得可以了，回家之後也沒想太多。

轉眼間，就到了走秀總彩的那天。

理想很豐滿，現實很骨感

第一次彩排時，我跌倒了。由於速度太猛，我整個人往後倒時身

體沒撐好，整個人跌出輪椅的外側。那時，我想說沒關係，反正只是彩排，試試而已。

緊接著就是總彩時間，而正式走秀前的這次總彩排是不能喊Cut的。到了我上場的時候，我帶著一些緊張心情往前滑動，但可能是太緊張或太想做好了，到達定位時，我再一次跌倒了。

身體往後滑的我再度滑出了輪椅外側，但我知道，我必須想辦法讓自己回到椅上。所以我慢慢地把兩輪的煞車鎖住大輪，再讓自己單手撐地並撐著身體，果然把自己撐回輪椅上。

結束總彩下臺後，就連側拍我的導演Harry和現場秀導都以為這就是我預計要呈現的表演，沒有人知道其實那樣是失敗的演出。我以為的失敗，在別人眼中卻覺得很完美、很可以？這樣一來，我好像也有了一點自信心。

其實成功與否並不是絕對的，就算沒有成功，也能靠自己努力的方式，變成想要的樣子。就算跌倒了，我也可以自己爬起來。但總

之，我自認為是很烙賽的總彩表現之後，沒過多久就要正式上場了。

時裝週那天，除了帶著導演來側拍之外，我還邀請了爸爸媽媽一起來看，因為這應該是台灣第一次有輪椅上伸展臺，也是我人生第一次以模特兒的身分在所有人面前登場，更應該是輪椅界第一個在時裝週表演的人吧！

現場燈光暗了、音樂一下，模特兒開始輪替往前進，緩緩地輪到了我。我跟著前一個人的速度滑上舞臺，現場除了伸展臺之外的其他地方都很暗，但我知道，臺下坐了非常多人，也感受到好多人在幫我加油。

我慢慢地往前滑行，直到其他人下了舞臺，我再一個迴轉，重回到伸展臺前準備下腰。

來到定點，我把輪椅轉向側邊，緩緩地用一隻手橫跨另一端大輪往後倒，另一隻手跨過身後側讓身體慢慢下去；手一伸，身體就緩緩地成功下腰到了地上。接著，我再讓大輪回推、手往地上一撐，身體

就輕巧地坐回了輪椅上。

現場響起了滿堂喝采，我自己知道剛剛的動作一定很好看、重點一定有帥，我成功了！自己懸著的心也放下了。

事情不能操之過急，壓力也能使人成長。我引用我高中社團的一句話：「壓力之下垂直成長。」我把這次的經驗轉化成做事情態度的經驗，我沒空沮喪，我要把壓力撥開。也不用給自己過大、沉重的壓力，因為成不成功，我都是我。

扛住壓力，才會成功

走秀最後，我再次上場，滑過舞臺前端，跟歌手吱吱相遇、停留在舞臺。吱吱是位歌聲好聽、眼神很到位，讓人能放心互動的歌手。我停在舞臺上開始配合吱吱的歌聲跳舞、旋轉，剛剛下腰的成功讓我

我的「輪椅下腰」在壓力與加油中完成，帥到爆！

整個人都放鬆了。我很享受這個舞臺，享受可以讓自己身體隨心所欲地跟著旋律旋轉著輪椅的鬆弛感。

第一次走秀、第一次下腰、第一次上伸展臺、第一次推輪椅在伸展臺上舞動、第一次在走秀臺上與歌手表演、第一次參加時尚時裝週……大家都說衣服很帥、我也很帥，我給走秀的自己一百二十分！

事實證明，我就是要扛壓力才會成功的男人啊！

《4th 走鐘獎初體驗！後臺社交障礙，地獄選擇題終極二選一！feat. 很多優秀創作者們》

《驚豔登場！坐輪椅秀進臺北時裝週，我成為了輪椅模特兒 wheelchair model》

我沒空沮喪，不如把壓力撥開。

不用給自己過大壓力，因為成不成功，我都是我。

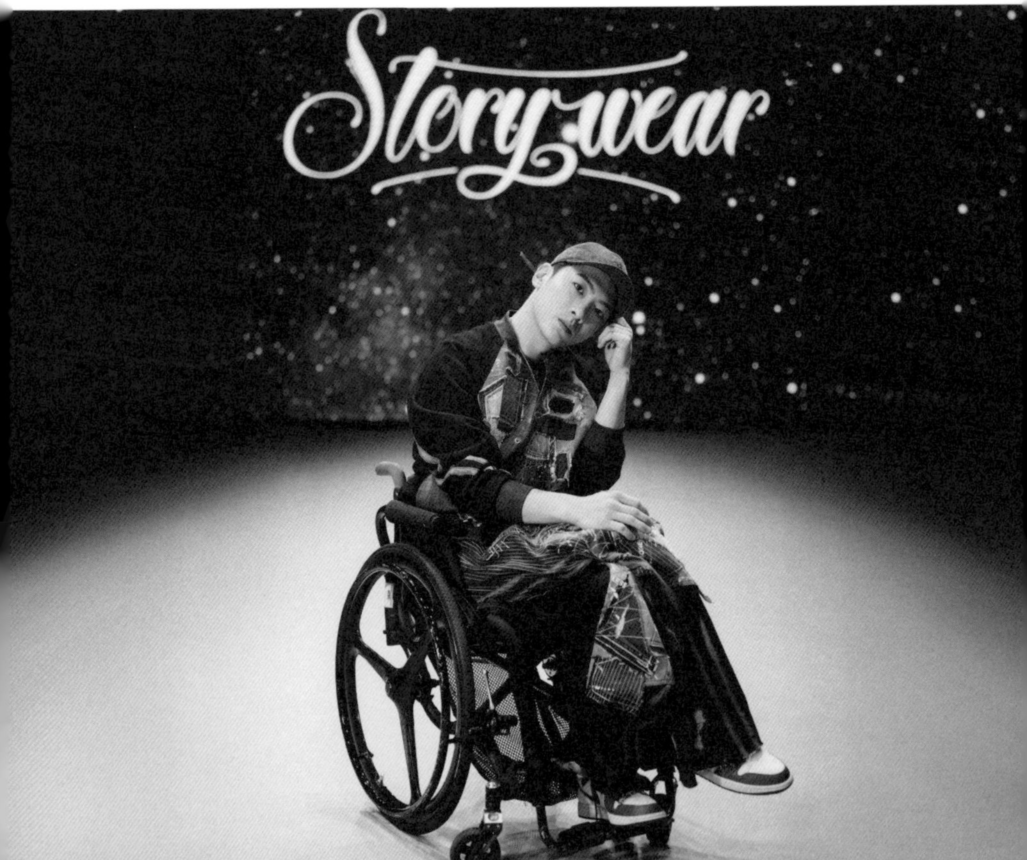

輪椅限定！我成立了一個協會，還辦了挑戰賽

我每次演講開頭時，都會問大家一個問題：「你有觀察過，身邊有沒有像我一樣坐著輪椅的人嗎？」

其實長久問下來，我有個小心得，每個人都是共感人，但如果並未有意識地觀察，或者身邊就有坐輪椅的家人，一般人幾乎不會特別去「遇見」或發現身邊有這樣坐輪椅的人。

但你知道嗎？根據二〇二〇年找到的數據統計，在台灣，每二十人就有一個身心障礙者。比例之高，但大家的發現度卻很低，這是個

社會議題。也就是說，在路上其實有很多的輪椅使用者，但你幾乎不會注意。

可能是成長過程中都沒有相關經驗，也沒有課程教育這件事情，當然絕大部分的人可能直到出社會後，偶爾碰到或交到這樣的朋友才會有感。

就像我，我的成長經驗中也從沒有對輪椅族的意識，或是擁有這類朋友。我第一個輪椅族經驗，就是我自己。

我想做的事情卻不能做，為什麼？

反覆思考這些，也透過旅行體檢了台灣很多地方的無障礙設施，也有去日本實際體驗過「有意識的無障礙設施」是怎樣的環境之後，我開始意識到，台灣所謂的無障礙設施，幾乎都是為做而做；更大部

分是為了法規而不得不做，也因此常常出現很多荒謬的制度與現象。

我有意識地藉由拍影片，希望這個社會可以更有共識地重視身障權益。推動「平權」，則是希望反映很多東西不是不能做，而是願不願意想方法做，不想要讓輪椅族遷就刻板印象，以為坐了輪椅就不能出門。我身為輪椅族，不但去衝浪、潛水，甚至考到潛水證照，我還去日本滑雪了……這些都證明身障者也可以踏出那一步，是你自己想不想要跨出去而已。

以前的觀念就是，行動不方便的人不要怎樣、不該怎樣，但我們都是人啊，憲法不是保障人人平等嗎？為什麼我想做的事情卻不能做，憑什麼？

身體受傷不是我能選擇的，但至少可以選擇自己要不要冒險。選擇權在我，而不是外人的眼光或說嘴。身體的主控權是我的，我沒辦法決定自己要不要出生，但我可以自己決定自己要不要跨出舒適圈。（雖然現在不能跨步了。）

在這段過程中，我遇見了另外一位讓我很佩服的傷友鈺翔。鈺翔跟我一樣都是輪椅族，但他是脖子以下都不能動的極重度身障者，卻開朗、正面得讓我佩服。他曾經在協會裡工作，而我也想舉辦一個輪椅族的小型障礙賽，一拍即合的我們決定共創一個協會！

於是，二〇二二年底，我們成立了「台灣輪椅人協會」。

軟性的挑戰，正向的迎戰

如同我拍過的一支影片《輪椅族出門就是一場戰爭》，台灣的街道環境對輪椅族有著非常不友善的條件：不平的道路，常常被車子阻擋、被變電箱阻斷，甚至人行道沒斜坡可下的種種傻眼情況，是輪椅族出門的日常夢魘。

除了要「致敬」台灣輪椅道路環境，也希望可以透過軟性的挑戰

活動，讓更多輪椅族走出來，甚至用正向的方式來「迎戰」不那麼友善的社會環境，我們第一個舉辦的活動就是「輪椅技巧障礙賽」。

協會創辦初期沒什麼錢，只有我跟鈺翔自掏腰包，以及一些友情贊助的親友廠商。在能力所及內，我們找到南港極限中心滑板場，鋪設了一些仿造台灣路面狀況的關卡，例如石子路、樓梯、過陡的斜坡、奇怪彎道等等，再加上一些趣味的推進呼拉圈、翹輪子轉一圈等挑戰，活動就真的展開了。

障礙賽當天，真的來了好多的傷友，大家聚集在一起討論等等要怎麼過關卡，也想著要用怎麼樣的技巧克服比賽。說是一場比賽，其實更像一場同樂會，讓大家聚在一起互相認識聊聊。

為了每個人能夠安全地、好好地完成一次賽道挑戰，每一位參賽者都有志工在旁邊。我看著每一位參加的夥伴，不論男女，即使路過不去、推不上去、輪椅翹不起來、被石子路卡住……大家都開心笑著，失敗了就再試一次，直到回到終點。

用滑板場改造的障礙關卡，
致敬充滿障礙的外在環境。

我跟鈺翔都認為，這一場試辦賽，最大的意義不在於參加者成績多優秀，或者場地多豪華、吸引了多少報導或聲量等等；其實對我們來說，實際讓身障朋友願意敞開心胸走到戶外，在挑戰的過程中學到更多「適應」這個社會環境的安全行走技巧，並且在比賽過程中開心地笑著、聊天互動，看到大家的笑容，才是我們舉辦這個活動最大的意義。

轉個念頭，用輪椅致敬日常困境

活動過後，我自己在想，到底為什麼要在已經很忙碌的生活中，成立協會、舉辦這些活動，讓自己焦頭爛額？我跟自己說，我好像一直在做領頭羊的角色（雖然這樣說很不要臉），但一直以來是透過雲端的影片進行倡議，分享坐輪椅也能自在生活、獨立生活的概念。

然而這場面對面的活動更希望讓大家走出自己的舒適圈，勇敢來「比賽」。誰說推輪椅只能有一種意義？當推輪椅推出一種新高度、新帥度，還可以「致敬」台灣的道路現況，並提早讓所有輪椅族至少可以學到一點點排除障礙的技巧，這才是辦這樣活動的精神所在。

同時，我們也很驚喜地發現，社會上關懷輪椅族的人很多且友善。我們活動的志工招募很快就額滿，大家都有顆善良的心與熱情的心，你們很棒！

就在二〇二四年的暑假，協會更攜手Vast，帶著大家舉行了更具挑戰的「衝浪體驗挑戰」。如同我衝浪時的體驗一樣，在一群熱心教練志工的協助與幫忙之下，我們真的讓行動不便的大家感受一場馳騁在大海上的衝浪體驗。

體驗的最後，教練志工們甚至還齊心協力把鈺翔固定在沙灘輪椅上，由六個教練一起護著他「下海」。在海上的我一轉眼看到了原本籌辦活動時眉頭深鎖的他，享受大海、享受被浪拍打時哈哈大笑的笑

容，我真心感謝所有教練志工的努力，更誠心為他開心。

那天鈺翔說，他已經好幾年沒碰過大海、沒下過水了。

未來，希望衝浪體驗活動能延續，讓鈺翔衝浪，輪椅技巧障礙賽也還會繼續。推廣身心障礙平權與觀念之路，我會努力下去的。（拍手？啊忘了鈺翔不能拍）

《出門就是一場戰爭！輪椅族出門會遇到的十種狀況，魔鬼往往藏在細節裡》

《我辦了一場全台首例的輪椅技巧障礙極限挑戰賽》

社團法人台灣輪椅人協會網站

Column

椅人360度
無礙搜查隊

「無礙」不是特權或福利，是意識

——

我常常有這樣的經驗：開著車子、確認好那個停車場有無障礙車位，直到抵達時才發現，無障礙車位被不是真正需要那個位置的人停走了。

甚至也遇過那些亂停的車主根本手好腳好沒怎樣，也要理直氣壯地占用無障礙停車格。無奈的我最後只能停去一般車格，有時還會導致自己上下不了車的窘境，只好再開出來找大一點的車位。

到底為什麼我們需要無障礙停車位呢？根據政府規定，公共停車

場應保留百分之二作為身障停車車位使用。如果停車場車位未滿五十個，則應該至少保留一個作為身障停車位。

而身障停車位的空間通常較大、較寬，重要的是左右兩側都會預留一大段空間，作為身障者上下車時需要的輪椅或輔具的放置空間。如果沒有這樣的一段空間，輪椅族就算停到了車位，也沒辦法像一般人一樣，在窄窄的地方進出、夾縫中求生存的。

所以，拜託所有的汽車族，請把身障停車格留給真正需要的人。我們需要的不只是一個停車的空間，更重要的是一個還能夠自在上下車的停車環境，這些都是最最基本的身障意識啊！

「無礙交通」不是享受特權

除了開車之外，我也常常因為要演講的關係，前往全台灣各地

方。也感謝有這些機會，讓我能夠體驗所有交通工具。

在我自己的體感當中，搭乘過的台北捷運動線算是挺方便的設計。每一個捷運站，至少一定會有一個出口設置電梯，而且出口都還不算距離太遠，所以讓輪椅族的出入還算便利。

唯一可惜的是台北捷運車廂的無障礙空間，就設置在第一節與最後一節車廂，但電梯往往設在離車廂最遠的地方……也是小小的美中不足。

而這部分就要稱讚高雄捷運。高捷的無障礙車廂就設置在中段，讓輪椅族不用千里迢迢地從月臺這頭滑到尾端，就能搭乘到電梯了。

另外也要稱讚一下台灣高鐵的設施，在我去過的幾座城市裡，所有高鐵車站的電梯都設置得非常完善。值得稱讚的是，電梯也幾乎都位在高鐵月臺的中段位置，讓輪椅族上了月臺後，不用因為距離過遠，必須穿越整個月臺。

有讚賞的設計，也有無奈的體感

但是，台灣高鐵無障礙座位設置在第七節車廂，總共有四個輪椅座位，其中兩個是可收折輪椅位，以及兩個不可收折輪椅位。也就是說，當輪椅族使用的輪椅是不可收折的電動輪椅時，只有兩個座位能夠購買；滿了，就無法搭乘這班車了。

雖然現在無障礙車位能在手機ＡＰＰ操作，已經比以往方便，但過程其實還是要透過ＡＰＰ裡的ＡＩ智能客服點選，再等待真人客服上線，用純手工的方式在線上幫訂、幫劃位。加上座位超級有限，這個也是讓人深深無奈的部分。

所有的交通設施中，我自己的台鐵搭乘體感是最糟糕的。以上下月臺來說，台鐵的電梯幾乎都在最遙遠的月臺底端，需要好遠的路程才能抵達。

若以算是最新型號的新自強３０００來舉例，台鐵在第七節車廂

規劃的是「多功能車廂」。所謂的多功能車廂就是所有大型車具的都在這裡，雖然設置空間大，但也往往限縮了輪椅族的使用空間。

我就看過新聞，一位輪椅族買了車票要搭乘，一進入多功能車廂後發現，所有空間被腳踏車占滿，他甚至連能夠停坐進去的空間都沒有。但現場完全沒有任何站務人員能夠協助，最後還是靠著同車廂的乘客勉強移開了一輛腳踏車，才能停放輪椅。

無障礙設施的設置，真的不該只是為了法規規定而已吧！

從憤怒到驚喜的彩券行之路

「你還不夠忙嗎？」聽到我要開彩券行，所有人都是這個反應。

之前為了拍影片，為了讓大家更了解身障者如何販售彩券的相關事情，我拍了幾支《賣刮刮樂很好賺？過年上街實測給你看，賣完直接發財！》、《賣刮刮樂很好賺？平日再實測給你看！喊破喉嚨沒人理……》等等的體驗影片。我在路邊、在騎樓下賣，挑戰過年時批一整本回來賣……總之在各種場合情境底下都賣過之後，知道販售彩券

也是一件好累的事，根本不是想像中的愜意。

何況路邊賣刮刮樂除了要擔心颳風下雨、出太陽過熱之外，還要擔心被偷被搶，或者都沒人來買的窘境。我也以為體驗賣刮刮樂之後就會死心，沒想到就在今年，我竟然抽中了彩券行開店資格。

這個資格是身心障礙者、原住民、低收入單親家庭才能參與抽籤，而且十年才一抽，一抽中就有十年的資格。候補的我確定遞補上之後，一開始還樂陶陶，覺得太好了、可以賺錢了，我應該可以財富自由，也不用靠賣路邊刮刮樂、靠演講與拍影片賺錢了吧～～

不過，會這樣說，當然就是一切都是假象。

我被自己的店綁架了！

沒想到開了彩券行，才真正是人生磨練的開始！

開一間彩券行根本不是想像中的賺錢與輕鬆。在抽到資格之後，開店的困難才開始，要考慮找店面還是頂下前一間彩券行，找到後還要思考裝潢、要不要承接固定設備的部分、頂讓金額要多少等等。

另外，更要準備一大筆資金當資本。因為刮刮樂就是要帶著一大筆現金去批貨回來店裡賣，每次去批彩券，就需要準備一大筆錢。還有，開了店之後就彷彿被綁在店內，很多事情都不能做了，就連我影片拍攝的時間也被打亂了。

其實前置作業做完、開始營業，最讓我困擾的就是「找到對的員工」困境，有時候還需要家人前來協調、偶爾支援。

開店前期，常常跟來幫忙的媽媽吵架之外，找到的員工不是跟我媽不對盤，就是經常臨時請假、消失，有時半夜突然傳訊息說不來就不來。所以我也常常突然早上接到通知，即刻拋下手邊一切事情去開店，有時甚至一整天上班到晚上……我像是被自己開的店綁架了！

直到開店的前三個月，我都有一種茫然，非常想放棄的念頭時不

時出現。開店很像把我生活的二十四小時都綁住，但我又不得不被它綁著。

這段期間也真的非常感謝爸爸媽媽隨時當我的後盾，時刻應援我，還有好朋友的支援，不然我真的不知道怎麼熬過那些很無助，也很無力的日子。

原來，能花錢買到的快樂最簡單

顧店的日子很無聊，常常在等客人上門。我後來把打烊時間延遲到晚上十點，主要原因是我要等待「十點阿姨」來光臨。

「十點阿姨」是我偷偷取的綽號。她每次都是大概十點前後來報到，下班後的她有點疲累，總是一面買一面跟我聊天。阿姨會把前一次買的十幾張彩券拿給我刷，再把所有中獎的錢全部換成刮刮樂。

運氣好的時候，常常會中了快一萬元，阿姨也把這些錢全數拿去買刮刮樂，直接在我面前刮起來。

但跟大家不一樣，阿姨沒有追求整張刮開看有沒有中獎的刺激過程，她每次買一整疊刮刮樂，就只刮開QR Code直接讓我掃描，瞬間開獎。我問阿姨為什麼不刮開，她說她等待的是一次中大獎的希望，這些刮的動作對她來說沒什麼意義。

每一次，阿姨大約都會在店裡待到快一個小時，我一面聊天、一面陪她各種開獎，我每次都很誠心地希望她可以中大獎。

即使阿姨常常來光顧，我也沒有想多打探她的隱私，只知道她經常很晚下班，回家前過來店裡買一個希望。

阿姨總說：「要中獎就要搏大的，大家都想中億的。」一開始，我常常在想阿姨每次來買刮刮樂的心態，內心覺得阿姨是不是壓力很大？到後來才發現，能花錢買的快樂是最簡單的，錢買不到的才是最難的。小時候老師說：錢是買不到快樂的。但長大後卻發現，能花錢

買到的快樂，是最簡單的。

但阿姨最近不來了，我考慮為她把營業時間再延到深夜十一點。

（阿姨，妳去哪啦？我在想妳。）

彩券行內，上演一場場人生秀

還有，另一個阿姨很喜歡講古，她來彩券行是來聊天的，幾乎都會坐到我打烊。感覺得出來阿姨是來消磨時間，她什麼都聊，例如最近去了哪裡。可能是比較喜歡我、也可能我很能亂聊，她常常跟我分享每天的戰績：「那個啊～我以前怎樣怎樣厲害，以前開彩券行怎樣怎樣。我昨天又去哪裡白吃白喝了，別人又送我了什麼什麼……。」阿姨還會叫我幫她看手機的問題，我也會幫她處理手機設定、教她如何使用。

阿姨總叫我「少年A～少年A～」，跟我說她獨居，在做清潔打掃的工作。有些朋友來陪我下班收店，會覺得有個阿姨一直坐在那邊很奇怪，我卻覺得沒差，我的椅子彩券行可以是一個里長辦公室、社區客廳，如果阿姨可以在這裡得到一些溫暖，那也很好。

有一些固定客，大多不跟你說話與交流，有個年輕人不知道是粉絲還是下班騎車經過，威力彩開獎的那天就一定會來買一注。我每次送他們離開時，都真心誠意地祝福他們「祝你中大獎」。

經營半年後，我也逐漸感覺自己的心態改變了，本來覺得是牢籠的這間店，慢慢長出一些意想不到的樂趣。彩券行像是一場場的人生秀，人生百態自動到我的眼前展開。一開始覺得痛苦與被綁住，到後來能藉由彩券行看到其他人生的模樣，其實也很有趣。

最後，我的彩券行叫做「椅子彩券行」，地址就在台北市大同區民族西路２２３－３號，歡迎來找我買彩券，我會真心誠意對你說一

聲：「祝你中大獎。」

《賣刮刮樂很好賺？過年上街實測給你看，賣完直接發財！》

《賣刮刮樂很好賺？平日再實測給你看！喊破喉嚨沒人理……》

《刮爆，賣什麼刮刮樂？自己刮就好了！（誤）》

《今年！我開了一間彩券行！過年還不來找我發大財！！！龍年行大運！》

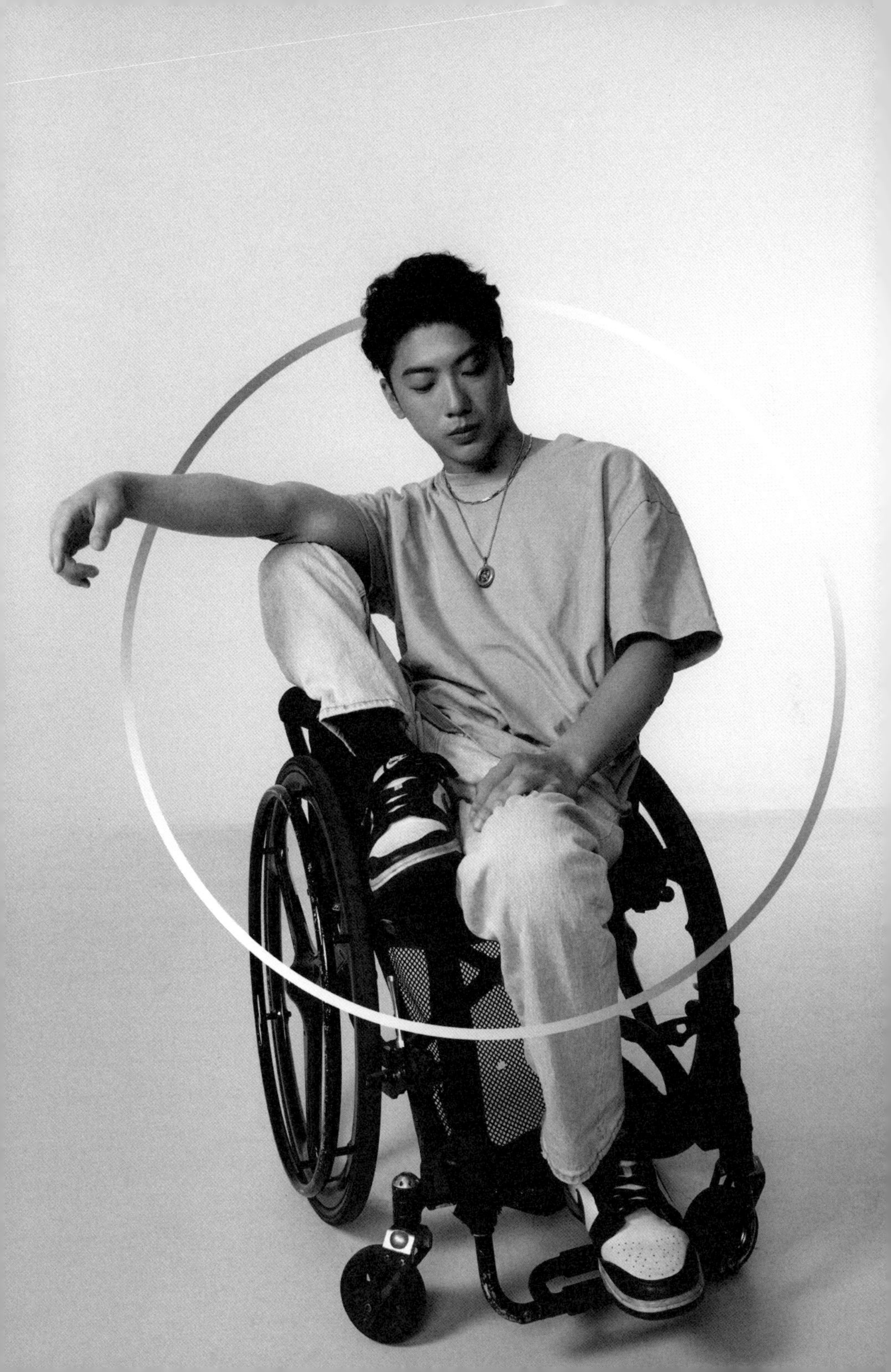

Part 3
不要叫我生命鬥士，叫我帥哥就好

我不想當什麼別人口中的生命鬥士，
更不是什麼陽光派、積極派的代言人，
我其實，只是在做自己。

我不需要你的憐憫，因為我一點都不可憐

我常常在路上，遇到很多會主動上來攀談的人。大多數人帶著客氣與害羞，頂多詢問我為什麼受傷、怎麼了？但是更多時候，我會遇到下面這樣的狀況——

路上的阿婆緩緩靠近，冷不防地開口：「少年A，長得帥帥的這樣好可惜，你還年輕，你會好的啦！」拜託阿婆，妳知道我怎麼了嗎？妳沒有了解我是脊髓損傷嗎？就只拋出妳以為的情緒與言論。

我也遇過阿婆直接告訴我：「你一定是上輩子做了壞事，這輩子

才坐輪椅。」甚至有身障朋友在路上遇過，一位阿伯走過來，直接塞錢到她懷裡，說：「妳好可憐，這錢給妳。」後來還握了握她的手走了。雖然莫名得到錢很讚（哈，開玩笑的~），但這個感覺超級差（才一百）。你怎麼知道我是不是全台首富，只是剛好坐輪椅而已？（想太多）

我們根本不需要，也不想要氾濫的同情。

什麼是同情心，什麼是同理心？

我常常跟大家分享「同理心」和「同情心」（Empathy vs Sympathy）的差異與區隔。演講時，我總會問大家一個問題：「如果在路上遇到輪椅族，要怎麼對待呢？A是直接幫忙，B是裝作沒看到，C是上前詢問。」

如果是你，你會選擇哪一個？

而我，會希望大家的答案是C，直接上前詢問。就像你在路上看到別人的裙子夾進屁股縫，你會直接把它拉出來嗎？看到我們可能需要協助的時候，就自在地開口問，再給予幫助。這樣一來，不會傷害到我們的自尊心，又能適時地伸出援手。

我知道同情是人的本能，就像你看到有人難過會想拍拍他、抱抱他那樣，是自然的感受。可是我常常覺得，台灣人的「熱情」有時候是同情心氾濫。就像那位塞錢的阿伯，他是同情心而不是同理心；阿伯是出自於憐憫，但不理解。

如果可以在遇到我們時，透過詢問再表達感受，並且站在其中感同身受，這才是所謂的「同理心」。

我也遇過想要理解我怎麼了的阿姨。她認真地問我怎麼了、為什麼受傷，也真的好好聽完我的故事與身體狀況後，笑著說回家時會叫孫子訂閱我的頻道。像這樣就是很能同理，並站在我的角度思考和對

談，這樣的關心也讓人覺得很自在，而不是過度的同情心發作。

無助的我只換來一陣的冷嘲熱諷

同情與同理的層面，也讓我想到一段出國參加擊劍比賽的往事。

第一次代表台灣的我是前往義大利。比賽的第一天，身體又是漏尿又是拉肚子，我知道自己狀況不太好，心情也很焦慮。在這狀況下，自然很快就被對手擊敗。但我沒空沮喪，因為當天下午，我就摸到大腿有一整塊的硬塊。

身處在國外很無助的我已經夠心煩了，接下來還有團體賽要出戰，我也只能硬著頭皮上場。到了團體賽打完的那天，未知的腿傷開始滲出瘀血。

這似乎是好現象，畢竟腿傷一開始只有腫脹緊繃，沒有發紅發

燒。但我還是略微慌張。

我跟領隊教練說明了情況，沒想到他的回應竟然是：「那一定就是你練習不夠！」說完，他就離開了，也沒想處理什麼。我在隨隊防護員連線台灣的醫師與照顧下先冰敷。到了半夜，我想了又想，實在不知道要求助於誰。一個人在國外，無依無靠，我又不敢跟家人說；以我媽的個性，肯定會打電話來罵教練，但我人還在國外呀，真的很焦慮。

於是我鼓起勇氣越洋打擾了我的主治蔡醫師，跟他說明狀況，做了緊急的小處置，等回到台灣、解隔離之後立刻前往醫院找他。蔡醫師檢查完後，判斷為大腿肌肉二級拉傷。

當時參與擊劍比賽的我是新手，也的確沒有歐洲選手練習得久，但領隊教練當時直白的話語刺傷了我。沒能站在同理角度來幫所有身障選手思考，只是一味怪罪與概括定論，這是缺乏「同理心」。

合作，也需要發揮同理心

最近，我更遇到一個很幽默的合作案。

經營YT後，偶爾會有商業合作案子找上門，例如那種純粹商品交換影片、沒有經費的互惠合作。近期收到一個家電廠商的邀約，窗口說是我的粉絲，很喜歡我的頻道，想要洽談商品合作。合作內容是可以提供給我適合使用的家電產品，希望我在使用後，可以發文推薦給身邊的輪椅族與粉絲。

我在說明自身需求之後，廠商寄來了一組商品。但經過組裝後，我有點傻眼。那個需要日常使用的商品其實重量過重，我如果一手要推著輪椅、一手拿著這個商品，根本無法使用。

遇到這個狀況後，我直接跟窗口反映，其實這個商品不適合輪椅族，並跟我經常推廣的「障礙者需要有自立性、自主性」精神完全背道而馳，希望退掉這個家電不合作了。

但是廠商窗口卻以合約來壓人，表明了「就算商品不適合輪椅族使用，也可以讓照顧你的人、輪椅族的家人來使用」這樣的言論，要我還是拍攝與發文，更甚至以「已經簽署合約了，請你執行」這種對話來回應。

最後，我在不是很開心的狀況下，寫了「這個商品偏重，適合拿來當啞鈴舉重練習」的文案來結束這場鬧劇。（沒想到這樣的發文廠商竟然也通過?!）

如果只是提供給照顧者、家人來使用，那為什麼還需要我的發文與體感使用心得呢？

會舉出這個例子，就是深深感受到，沒有以使用者真正的心得與位置為起點，只以「合約內容」當成令箭來回應，窗口只想著自己的工作要完成，但完全沒有用心思考我是否真的需要這樣的商品，正是缺乏同理心。

讓自己更有意識地換位思考

國外一名護理學者魏斯曼（Teresa Wiseman）曾經提過，「同理心」可以有的四種行為是：**改變觀點**、**不做評價**、**識別對方情緒**、**與對方一起感受**。

我看過一段影片，如果有個人掉進深深的黑洞裡，同理心是慢慢爬下黑洞、走到他身邊，告訴他，我懂這種黑暗。同情心則是只站在洞口往內看，並說著：「Ops～真是好糟糕啊，還是……你想先咬一口三明治？」

影片當然是用比較誇飾的方式來表現同情心與同理心，但大多數時候，我們應該要有意識地換位思考，讓同理心成為人與人的連結。

有時候，人需要的只是多一點聆聽與陪伴，甚至拍拍我們，告訴我：「謝謝你願意告訴我你的想法。」而不是高談闊論地發表自己的意見，甚至想要「雨過天晴」。

真正的事實是，面對別人的低谷，很少有什麼樣的回應會讓事情立刻變好，唯一可以變好的就是連結。抱抱他、拍拍他，都比站在洞口隨口說「來笑一個、沒事的」好多了。

我的同理心更多是在受傷之後才學會的。以前的我不會同理，也不試著去感受別人，更沒想過怎麼換位思考。心思不細膩的我，受傷之後變得細膩了。以前，我可能覺得付出就是要有等值的回報，希望有所對等。

而現在的我只想好好珍惜眼前所有的，付出就是自己想付出，不會要求得到回報。當我想幫你做這件事情時，就是全心全意地想做。

大家常問我，怎麼跟身障者相處？我建議你可以自己想想，如果你今天就是這個身障者，會希望大家怎麼對你？是不是就像一般人的相處就好？

成為身障者之後，並不是理所當然地需要更多的關注跟幫助。我

們也是一般自在生活的人，我想要成為大家眼中的普通人就好。

如果這個社會，有著越來越多同理的人，社會也會越來越好吧？我也希望自己可以有更多的同理，對於我的家人、朋友，我相信會越來越好的。

《我不需要你們的同情，請同理我！！！ 同理心是什麼？
Empathy vs. Sympathy ,what is Empathy》

面對別人的低谷，
很少有什麼樣的回應會讓事情立刻變好。
唯一可以變好的就是人與人的連結，
抱抱他、拍拍他。

終有那麼一天，我們都需要無障礙設施

成為一位輪椅族後，雖然我不是刻意、甚至苛刻地要去「體檢」所謂的無障礙設施與空間，但在每一次的外出旅行後，真心遇到很多讓人覺得超不可思議的無障礙設施。有些真的荒謬至極到讓人不敢相信，怎麼可能會有這樣的設計出現……？

公共空間裡的無障礙設施體檢，是我拍攝影片時，總會透過鏡頭帶大家一起去看看與了解的地方。我的朋友也跟我分享，過往真的不會有意識地特別留意公共空間的無障礙設施，也是因為跟我一起出去

旅行、體驗之後，才發現台灣的公共無障礙設施還是有許多需要改進的地方。

如果可以走，誰想坐輪椅！

在台灣，很常遇到一些荒腔走板的狀況要面對。例如我也常常在台灣的大樓前，要奮力地往外拉開一扇大門，才能進到電梯裡。也遇過樓梯前就架設一塊板子當斜坡，坡度陡到近乎會讓輪椅族摔死，還會貼心畫上一個身障者的使用標誌，完全不考慮斜坡角度、使用者安全等問題。我更聽過店家說，那些原本是他們的送貨通道，只是再塗成藍色的無障礙標誌而已。

另外最常見的就是在斜坡的盡頭，還有一、兩級階梯要走，或者要先上一、兩階樓梯才能上斜坡。請問這樣設置坡道的意義到底在哪

裡？爛透了！如果可以走，誰想坐輪椅！

還有在路上，我遇過有斜坡的路面順著滑過去連接斑馬線時，竟然還要經過分隔島，才能走到對面——請問設置全平面的道路真的很難嗎？

然後，台灣真的很喜歡在下斜坡的地方設置水溝蓋，那些水溝蓋真的很常會因為施工錯誤，導致輪椅小輪或大輪卡住而摔出去。

符合法規的水溝蓋，是水溝柵欄縫隙應該小於一點三公分，柵欄方向得調整為與行進垂直之方向才對。我就常常看到很多輪椅族、娃娃車、高跟鞋的用路人被卡在路中央，拔輪子、出不來的窘態。請問這不該是施工前就要有的基本知識嗎？

我覺得這些讓人爆傻眼的設計真的超級幽默，有時候無奈到覺得那是「諷刺社會的裝置藝術」吧！為什麼設計一個共融式通用設施這麼難？

有一天，人人都有可能需要無障礙設施

常常聽到有人說，為什麼輪椅族總是愛走在馬路上？還會笑說是「移動的神主牌」，但如果可以安安全全地行走在人行道上，誰會想要冒險走在馬路上呢？

台灣即將邁入超高齡化的社會結構，現在的輪椅族是少數，但在可見的未來，輪椅使用者應該會變得更多、更高齡化。大家都走不動、不會走了，使用輪椅上路的人將會越來越多。

好希望有無障礙沙灘步道可以直達海邊，或甚至有沙灘輪椅，讓我們在想衝浪、看海的時候說走就走，不會只有遠遠看著海灘，卻完全無法接近大海的惆悵感。

我也很希望可以有更多地方設置無障礙的泡湯池，讓我們在洗澡的時候也可以像一般人一樣體驗泡澡、泡溫泉的舒適。

我也很想自由自在地上廁所，不用再忍受超髒、超臭的無奈環

境；或是走在人行道再也不會擔心中途被擋住、盡頭下不去，又要回到起點重來一次的日常生活。

真心期盼設計者、施工者、政府執行單位能將心比心，因為等到有一天，你真的需要用到的時候，才會真正感受到怎麼會有這麼荒謬的設計出現。無障礙設施的環境，需要的人真的不只有輪椅族；在未來，甚至人人都有可能需要！

不把「身障」貼成標籤

沒有通用設計概念設置的人行道與交通設計，往往是過度單一思維，也缺乏所有族群均能使用路權的概念。如果在一開始設計時，就能將共融式設計概念想進去，不再只是徒增應付，這才是能兼具美感與通用的設計法則。

例如台北表演藝術中心、台南美術館，二樓就將斜坡與階梯結合成為一種具有藝術美感的設計，一方面是通用使用者概念，另一方面則讓直立人也能更注意到這種通用法。更重要的是，不把身障意識標籤化、特立獨行化，在我心中，這才是最棒的共融式通用設計。

我也想推薦所有輪椅族去體驗東京豐洲的「TeamLab」展覽。當工作人員看到輪椅過來時，會主動上前詢問資訊，並且「幫你插隊」（好開心！）直接進入輪椅流程。

他們也會幫忙擦拭輪胎，仔細詢問包包放置方式、脫鞋子等各種細節問題。接著，他們會把剛剛的資訊整理成一張大卡片，當我每次來到展場內每一區時，所有的工作人員就會透過大卡片知道我的需求與情況。

走逛這個展場時，我感覺到真正的「無礙」。不管是球區、水晶宇宙區、光之瀑布區等等，我真的都能自在遊走。最讓我感動的是，最重要也最讓我擔心的水之錦鯉區。

要進入這一區前，工作人員請我換上另一組更高的輪椅，我突然明白過來，原來這一區就是要在水裡玩耍的區域。

這套特製的輪椅比我平常的還要再高出十幾公分。坐上特製輪椅後，我也真的能在展區裡像大家一樣，膝蓋以下是光影與水，身體卻不會濕，同樣開開心心地體驗在水中跟光影錦鯉共舞的樂趣。

這就是我說的通用設計，展場並沒有因為我是輪椅使用者，而犧牲或放棄讓我們體驗這個展區的權利，設計出一套讓輪椅族能融入也更保護我們的方式，真正享受這個展覽。

通用設計應該要適用所有族群，唯有在設計時先考慮使用者平權，自然能夠實現「沒有障礙的人，只有障礙的環境」。

《荒謬！無障礙設施好障礙？我想可以去申請世界奇觀了》

關於生命這件事

蘇打綠有一首歌叫〈寂寞的時候〉，歌詞有一句是「寂寞的時候會想打一通電話給你」❶。

我其實在孤單寂寞的時候，會想打一通電話給小麥。

可惜小麥已經不在這個世界上了。

我不是一個會輕易把自己的低潮、難過顯露出來的人，受傷的時候，我也從來沒在爸爸媽媽前面哭；跟交往多年的女友S分手，也沒

掉淚。大多時候的低潮，我會選擇沉澱、沉默，讓自己慢慢地消化掉那些情緒與黑暗。

絕大多數時，這樣的方式都很有用。過了那個黑夜，我就可以笑著再面對每一個人，以及這個有時看來很糟糕的世界。

我有時怕孤單、不喜歡寂寞，但是偶爾又很需要一個人獨處的時間與空間。

如果有時候心情真的太悶，我會選擇一個可以說的對象打電話或約見面。每一個朋友可以說的事情不同，我會找到那個合適的人聊天。有時候不一定是訴苦，單純打打屁、聊一些有的沒的，簡單說一下我的悶，大致上就能恢復開朗與離開低潮。

小麥大概是這個世界上，唯一一個讓我覺得什麼話題、什麼苦惱都可以說的人，是我全世界無話不講的朋友，最低潮、最煩的事情都可以告訴小麥。

但小麥很雞掰。

二〇二三那年，小麥先走了，用自己選擇的方式先離開了。

我不會說「絕對不可以」

小麥是我的高中同學，但我們是大學後才認識的。她是女生，但我跟她相處的時候會忘記性別，她是一個懂我的好朋友。有時候不用說太多的話，她就能讀懂我、知道我的傷心，或者知道我的情緒又被觸碰了。

說起來，小麥算是我的心靈夥伴，她可以承接、理解我很多怪異的部分，是排解我傷心與煩躁的出口。

但其實，小麥自己也有很大的心靈課題。

小麥長期患有憂鬱症，在白天，她像大家看到的「正常人」一

樣，開朗正面地工作、面對人生與生活。但到了夜晚，負面情緒與低潮會席捲她，把她帶進黑暗裡。

小麥其實跟我說過很多次，她要用自己計劃的時間、方式走向死亡。她之前嘗試過上吊，但那次繩子沒綁緊，她立刻掉了下來，宣告失敗。

她後來跟我討論過，說還是去跳樓會不會比較簡單？但我的回應是：「不要跳樓，很噁爛啦，身體會變成一灘爛泥。」

我想我不是一般人眼中的那種苦口婆心的朋友，大多數人會認為我應該要積極勸說她、開導她，並導正她的觀念，讓她相信這個世界……諸如此類地面對小麥。

但我不是這種會說「絕對不可以」的人。面對死亡這件事情，我覺得人應該可以決定自己的死亡，甚至如果想清楚，死亡日期、方式都應該是自己決定。當然，所謂的壽終正寢也是一種選擇。

所以我對小麥的選擇死亡論，並沒有激烈的勸說或批判。我常常

跟小麥說：「這是妳的決定，我會尊重妳的選擇，雖然我還是不希望妳離開。」

有一陣子，小麥變得很嚴重，她回家後會把自己藏起來，電話設為勿擾，什麼電話都不接也找不到人。我會連打三通電話讓手機鈴聲響起，直到找到她，跟她說到話為止。

有時候，小麥好一點了，又會主動打電話來聊天、解憂，分享這個世界的美好跟她的日常，聽聽我生活遇到狗屁倒灶的破事。

她，選擇按下自己的停止鍵

我記得，那是二〇二三年八月二十五日，我去花蓮拍「夫夫劇場」，一個三天兩夜的預定行程。

我們在第一天抵達花蓮，正在熱熱鬧鬧地吃著晚餐時，我接到朋

友的電話。

其他內容我已經想不起來了，只記得聽到電話的那頭說：「小麥走了，真的走了。」

接完電話的我應該要有很大的情緒起伏，但我沒有。我也沒哭，也沒太大低潮。我正常地跟其他演員吃飯、背本，依照行程拍完了所有場景與對手戲，直到殺青。

第三天回到台北，我沒回家，直接去了靈堂。靈堂前的照片內是小麥。我看了好久好久好久，後來點上一炷香跟她聊天。

我記得，我在心裡跟她說了：「嘿，妳走了，用妳想要的方式走了。但妳很白爛，妳走了以後我要找誰聊天！」

我沒有掉淚。對我來說，小麥這個決定很雞掰，但這是她的決定，誰都沒有什麼權利干涉、批評對與錯。生命是自己的，該對自己負責任。如果她要在這個時候按下對生命的停止鍵，且是自身能選擇

的，那就是她自己的權利。

生與死，都掌握在別人手上

我有另一個朋友是「極重度」的傷友。他的脖子以下無法行動，手部雖然能稍微移動與抬起來，但手指是無法動作的。所以，他的生活起居需要完全依靠媽媽、看護。

這位傷友比較無法走出自己變成這樣的傷痛與人生狀態，想去瑞士安樂死。

在跟家人來回溝通後，媽媽同意了他的選擇，並開始一切的申請與流程。但就在最後確認通過的通知書來到時，媽媽反悔了。

即使他有百分之百的自主意識，完全確認自己想要這樣的選擇，但媽媽捨不得、放不下，所以擅自替他做了決定，拒絕送他到瑞士安

樂死。

我聽到這件事情，其實替他感到深深的難受。我可以想像用這樣的身體與厭世的心活在世界上很痛苦，因為他什麼都做不到，甚至連服藥自殺都不行。也無法跳樓或溺斃自己，因為他無法自主離開輪椅，更別說要自己裝一盆水埋進水裡，或者跳進大海裡，因為他身邊時時刻刻會有看護陪同。

他無法決定自己的死亡，即使是有完全意識也不行。

我確確實實感受到，生命掌握在別人身上不是一件快樂的事。朋友的媽媽做了違背他自主意識的決定，他卻無能為力。人們常常說：「命運是掌握在自己手上。」在他身上，卻完全不是如此。

生命對我來說，是無法控制自己的出生，但可以選擇自己的死亡。**而我的選擇是珍惜生命，好好擁抱生命。**

我當然也尊重每個人自主的選擇，因為經歷過那些，「意外與明

天，永遠不知道誰會先來」是我一直跟大家說的。最痛的事情都走過一次了，人生沒什麼過不去的。

現在的我不會想著一定要活到幾歲，能活到幾歲，就努力挑戰到那個時候為止，好好地過每一天。

珍惜就好，做就對了。

❶〈寂寞的時候〉，作詞：吳青峰，作曲：吳青峰，演唱：蘇打綠。

生命是自己的，
該對自己負責任。
而我的選擇是珍惜生命，
好好擁抱生命。

愛情不是必要，是需要

我一直覺得自己很幸運，因為我在成長過程，從小到大的愛情、異性緣算是還不錯。

就像前面說的，我在受傷住院後，覺得當時的女友太辛苦了，決定跟她分手。同時，受傷這件事情也在某程度上影響了我看待愛情的方式。我看得更開了，更能放手一切。愛情對我來說不是那麼必要的一件事情，而是需要。

其實跟受傷當時的女友分手後，回到學校的日子裡，我曾跟一位學妹短暫交往過。那時，還在曖昧期的學妹，直接跟其他人宣布說我們在一起了，我也就這樣跟她在一起。三天後，她甚至搬進我在外面的租屋處。

沒有想清楚的交往節奏讓我有點迷惑，而學妹非常喜歡我，甚至以我為她的中心生活著。

其實，那時候的我不確定對於愛情，自己準備好了沒有；這樣的我也沒有自信，加上個性真的非常不適合，所以交往三個月後我就分手了。

當時的我覺得自己還不值得擁有愛情，雖然很快就分開，但我誠心謝謝她。

她讓我知道，原來我還值得被愛、值得擁有愛情，也會有人喜歡這樣的我。

我以為，曾經能夠擁有這樣的未來

畢業後，我開始遇到社會、工作的課題。很多人問我交友條件，我都很直觀地說是「多金、有錢，年輕有為，可以養活我一輩子。大奶、大眼睛、長直髮，希望可以是獨立思考的女性，不需要把愛情放第一」這樣的人。

就在回到醫院上班的那段日子，在一次唱歌的聚會上，我遇到了S。我們很聊得來，頻率也很對。認識一個月後，我就跟S告白了。

S長得漂亮，跟我同年，有著一頭漂亮的長直髮。她是個喜歡獨立思考的女孩，也有自己的生活。S很聰明，能接到我的邏輯與思緒，很能讀懂我這個水瓶座的心思。

在感情的世界裡，我覺得自己應該要負起保護女友的角色，但因為我受了傷，走路時沒辦法讓她走在內側保護她，無法幫她撐傘，更沒辦法在她累了的時候揹著她走……這些都是我覺得男朋友該做到的

事，但我卻已經都不能做了。

每當我這樣想時，S會默默地安慰我，告訴我這些並不是需要的事情。而我也為S做了很多改變，例如她喜歡看韓劇但我不愛，我就試著陪她一起看，看久了也覺得韓劇其實挺好看的。

曾經，我以為我們可以走向更好的未來，或許我可以跟S結婚，長長久久地這樣走下去。

但在交往了快四年，完全沒有預期的一天，S跟我提分手。她說，在我身上找不到愛情火花；她說，她愛我，但她不喜歡我了。她對我極度沒有安全感，我跟別的女生吃飯、聊天，她都會非常在意，腦子裡會有各種腦補的想法。

就像，我加入「夫夫劇場」擔任演員時，S為了我有吻戲也大吵一架。吵到最後，只能請編劇改掉吻戲，甚至還有一些肢體的接觸也必須要改掉，還請編劇連同眷屬吃了一頓飯賠不是。

分手來得很突然，但我意外平靜。S說要離開的時候，我沒有什

麼太大的感傷，只說了：「妳確定想好了？如果妳確定想清楚了，那就這樣吧！」

S的離開是傷心，也不是傷心

S是我交往過最久的一任女友，她經歷過我從默默無名到在創作者的市場上稍微有一點點知名度，我甚至覺得或許可以就這樣跟S一直走下去，但她突然離開了。

朋友問我會不會傷心，我慢慢地想了以後，回答：「我應該要傷心，卻好像沒有那麼傷心。」可能我經歷過比悲傷更悲傷的故事了，分手反而沒有帶給我過大的情緒起伏。

我在想，如果哭是有一個限度的，那我的極限又更擴展了許多。我失去了太多東西，如今失去S，好像也能看得比較開了。這是自己

的選擇，我並不可惜。

分開一陣子後，我在朋友的聚會上再遇到Ｓ，知道她有了新男友，而我也有了新女友。Ｓ邀請我跟她聊天，我們聊了很久。最後，我們很認真地互道再見。

我心裡有一塊角落，跟著Ｓ離開了。

說不上刻骨銘心，但我知道，在那段人生旅程中，Ｓ好好地接住了那樣的我，偶爾略自卑的我、無法為她做所有事情的我、時而黑暗的我、衝刺事業的我、變成螢光幕前的我、面對鏡頭更自在的我……我祝福我們都可以走向更好的未來。

後來我有了新女朋友。新女友很獨立，沒有過多占有慾，我還是能好好衝刺自己的ＹＴ頻道事業與彩券行。而我原本那種想全面性照顧的愛情觀，也轉化成並非一定要行動上的照顧——我不能為她撐傘，但我可以為她撐開一把心靈的傘。需要照顧的不只有外顯的行

動，心靈上的情緒安撫與體諒也是一種照顧。

在愛情關係裡，我希望我還是可以做自己，但會是有限度地做自己；在有限度的情況下保有自己的特色，讓我的人生可以更正面、更有力量地面對這個世界，帶著另一半一起出門、一起玩、一起笑、一起談心。

是我的就會留下來，不是我的終究會離開，緣分會長成自己應該要有的樣子。愛情也是。

你知道嗎？我做愛都沒高潮

我的ＹＴ頻道裡有一支瀏覽次數最高的影片——《坐輪椅後還可不可以做愛？後遺症？你所不知道的脊髓損傷（Spinal Cord Injury）！》。上片後，短短時間就超過了五十萬次點閱，可以說是標題殺人。

大家都說男人是下半身思考的動物，但我的神經斷了之後，我的下半身還能思考嗎？人人都對性愛議題充滿興趣，我自己也不例外。

當然我也被問了非常非常多次，當時的我覺得，既然大家這麼愛問，

那就拍一支影片統一回答給你看啊！

即使受傷，我仍然擁有享受性生活的視野

在說到自己的性愛現況之前，我必須要先行衛教一番。

人體的脊椎除了支撐身體的重量之外，更重要的是保護神經與脊髓。而脊髓跟神經的功能是傳遞大腦的指令到身體各部分，從最近的臉部表情到最遠的腳拇趾移動，都是透過大腦下達指令，快速傳導到該部位而做出動作反應。

在台灣，大部分脊髓損傷的原因都像我一樣是出車禍造成的。我因為是胸椎的九、十節部位受傷，脊椎在這個位置以下掌管的部位就都不能動，也沒有感覺。從腿部知覺、大小便功能一直到性功能，都產生了問題。（好啦！衛教結束。）

也就是說，我的下半身是沒有感覺的。當然，做愛也是一樣，沒有感覺。

其實受傷之後，我也對自己的身體困惑與不理解了好長一段時間。受傷帶來的下半身種種不適、併發症，都像是一個又一個的關卡，要自己一題一題去破關與面對。

面對性愛這題，雖然我的下半身沒感覺了，但性慾還在，畢竟性慾來自於大腦。身體受傷後，我對於有性慾與下半身無法「配合」的問題，困擾了很久。

重新回到學校後，我也跟當時的伴侶H「探索」了很久。我遇到的第一個問題就是「不持久」。對於這一題，我很慶幸當時遇到很勇於挑戰、嘗試新鮮事物的伴侶H，跟我一起討論，用各種方式來面對做愛這件事。

後來，我們發現可以服用威而鋼（有需要的人請洽自己的主治醫

師喔）。我服用了威而鋼後，就能正常勃起且也能持久，我跟H的性愛探索也才能持續下去。

即使我跟H不是情侶關係，但她可以算是我受傷後的性愛啟蒙，開啟了我受傷後的性愛經驗值。H的好奇、挑戰與不畏艱難（可以這樣說嗎？）也打開了我對自己身體以及性生活的探索。

那一年，H生日時，我甚至還送她一根自慰棒，性愛時一起使用。H教了我很多意想不到的知識與姿勢，讓我知道即使受了傷，也還可以有性愛自主權，我也可以擁有享受性生活的視野。

獨一無二的「新體感」

而很多人的疑問是，那「高潮」感呢？坦白說，受傷後的做愛過程裡，我是完全沒有高潮的。我絕大部分的做愛都是服務對方，所謂

的性愛快樂，是透過服務對方的需求、藉由對方達到高潮而獲得心靈上的「共感高潮」。

我必須坦白說，目前的做愛對我而言，是一種視覺上的高潮。能讓我的另一半感受到快樂、幸福，看著過程、享受過程，就是我現在的性愛方式。

雖說做愛過程中沒有感覺、沒有高潮，但我在受傷後，其實是有「享受」過高潮的。十年來大概兩次，都是我自己自慰達到的。

那是一種很神奇的過程。舉例來說，一般男生正常有感的性愛與達到高潮是一種曲線，像登山一樣會慢慢往上攀升，一路升到最高點、達到高潮，再緩緩下降。而我的高潮曲線則是從開始自慰、勃起，一路都在平地，完全平坦的直線；然後突然間射了出來，直線瞬間攀到最高點，接著再直接回到平地。

那兩次的高潮經驗很獨特，我「感受」不到高潮的那種放電、酥麻感，但重新回到平地之後，全身的放鬆、釋放，很明確地讓我知

道，剛剛高潮了。

這樣的探索過程與體感過程，很難用文字完全描述出來，這也堪稱是我受傷之後最獨一無二的「新體感」。

對我來說，性慾是人類都有的慾望，而視覺上的性愛、身體上的性愛都是我們愛著對方的表現。雖然我做愛都沒高潮，但我仍然享受這種性愛。

《坐輪椅後還可不可以做愛？後遺症？你所不知道的脊髓損傷（Spinal Cord Injury）！》

我不是同志，但我愛你們

身為創作者的我，其實很喜歡跟各式各樣有才華的創作者們交朋友、交流，也會上對方頻道分享增廣見聞，當然，吸收一下流量也是必要的～～哈。

幾年前，有次收到「夫夫之道」的邀約，上了他們的訪談單元「夫夫小視窗」。拍攝完隔幾天，竟然又在我們都有參與的關鍵評論網「未來大人物」面試場合裡遇上，甚至主辦單位還安排我們是面試的前後組，真的太巧。

許多的巧合之下，我們漸漸變成了朋友。有一天，「夫夫之道」的阿凱問我說，要不要加入他們另一個單元「夫夫劇場」演戲？我二話不說就答應了。

第一次，用演員角色體驗人生

我在各式各樣的體驗人生過程中，玩過各種運動、挑戰比賽，甚至還出了一首單曲，但從來沒想過我可以用演員的角色來體驗人生。所以當他們邀請我時，我是非常開心與雀躍的。

當時，從沒演過戲的我覺得演戲是一件極度困難又有趣的事情。我除了自己的生活之外，竟然有這樣的舞臺可以讓我體驗與發揮！不過這有個但書，因為「夫夫劇場」絕大部分是同志議題，也就是我面臨的是與同志的對手戲、感情戲，甚至吻戲、情慾戲等等。雖然我不

排斥同志朋友，但是面對情慾、吻戲的可能時，還是很緊張。

收到劇本、在台北參與演員讀本後，我們一起去宜蘭展開第一次的拍戲小旅行。其實透過事先的讀本時我就發現，除了我之外的所有參與者通通都是專業演員、科班出身，相較之下，只有我是業餘的，甚至是一點經驗都沒有的外行。

我的第一部夫夫劇場影片是《同志愛上異男，障礙者決定告白！》，一部講述我的男同志好朋友默默喜歡我、想跟我交往，卻要經常聽我對暗戀女生的煩惱、幫我解憂，苦了自己的故事。

雖然劇中的我是個異男，卻因為做夢，需要拍攝男男親吻的畫面。編劇阿凱把我的角色寫得「很我」，讓我在情緒收放時，都能展現自己一樣地演出來。

只是拍吻戲的時候，我一開始有點抗拒與不知道怎樣收放情緒、掩飾緊張，但跟我對戲的沐宏很有耐心也常從旁協助，順利完成吻戲

後大家既沒尷尬，也沒害羞。

我這個大外行在這群專業演員的照顧下，有點懵懵懂懂地完成了第一次的拍攝。沐宏更讓我知道，演戲要專業敬業，怎樣在過程中完成情緒釋放、心境轉變，且如果要成為一位專業的演員，就要什麼都可以嘗試，演什麼像什麼。

演戲像是一種抽離，短暫地把我自己的性格抽開，在有限的時間內進入那個劇中的我，跟隨導演的指示和對手演員的引導。戲裡的我雖然是我，卻也不是我。這樣的角色抽換與詮釋「另一個我」的感覺非常特別，我也很喜歡。

扮演另一個我，卻也是真實的我

令我印象深刻的，還有以我為劇本的《我和椅人提分手，祝我們

分手快樂》。女主角袖竹在劇中飾演認為是自己讓我受傷坐輪椅，一直感覺抱歉與自責的女朋友。她想擔起永遠照顧我的責任，內心卻越走越遠，到最後崩潰跟我提分手。

劇情裡最吃重的一場分手戲，是我要從原本在家等著袖竹回來一起吃飯，經歷心疼女友手被割傷，再轉成見她崩潰再也受不了提分手的情緒轉折。

到最後，袖竹崩潰大哭，說著「我愛的人可能是我自己，越關心越變成壓力，你會變成這樣都是我的責任」之時，我真心感受到自己的故事真的在劇情裡呈現了，這就是我與照顧者的日常。

而我說著：「我不希望我們兩人以後只能變成身障者與照護者，我不希望變成這樣。我知道妳睡覺要睡內側才有安全感，而我無法為妳做到這一切，我不希望妳的痛苦都是因為我……。」最後的最後，我們哭著擁抱、珍重道別，說著「分手快樂」。

演出時的我專心在角色裡，內心的酸楚與無奈，真實地、赤裸裸

地呈現在鏡頭前。那是最最真實的我的故事，很殘忍，卻也很貼切的人生故事。

幾次試下來，我發現演戲跟拍ＹＴ影片非常不同。演戲需要投入在劇情中，理解情緒的前因後果，一場劇有時候臺詞是如此，但臉部表情還需要表現其他背後想傳達的意義。當整部劇後製完成、正式上片時，真的非常過癮，擁有滿滿的成就感。

演戲讓我找到另一種倡議的方向

也因為透過演戲，讓更多人看到、理解障礙者的需求與內心世界，這也是我一直以來倡議的走向。

「夫夫之道」的里歐說：「一開始找椅人來演戲，其實只是因為他長得帥（哈哈哈），後來開始也有了一些不同的平權議題，例如討

論身障者的內心世界、身障議題的主題。」

我很感謝他們，將很多平常我在倡議、生活上遇到的事情化成戲劇，讓更多人知道輪椅族的需求與感受；例如身障者也會面對愛情難題，也有關於傷後的內心細節、與照顧者的情緒等困難。平常都是用說的，但透過專業演員們的演出與對白，能夠把我們障礙者內心深沉、說不出口的傷與痛，或是真正的需求表現出來。

我也透過演戲更能理解很多同志內心世界的苦和面對的問題，在社會上不被理解，同樣走在需要被倡議以及好好教育平權的世界。

戲劇播出後，得到了滿大的迴響與好評。當然我知道自己的演技真的非常需要加強，但是也很謝謝所有演員的包容與陪伴，讓我可以在每個橋段一點點、一點點地進步。

我也因此多了很多新的男粉絲，甚至還收到了男粉絲的訊息，他說：「我可以照顧你的下半身與下半生。」謝謝所有粉絲的回應，我都收到了呦！我不是同志，但我愛你們呦。

對了，有人問我說有沒還想挑戰什麼角色？我覺得如果可以拍一部以我為腳本的電影，揭露最坦誠的自己也不錯。或者我也想演超級反差的角色，例如負能量爆表的「輪椅殺人魔」。有興趣的導演快來找我！哈哈哈！

《椅人演技爆發當主角，出演你所不知道的傷後細節！拍一整天戲好辛苦但好開心 @fufuknows520》

長成自己想要的樣子

我從來沒有想過，人生會變成現在這樣。但這並不是負面的意思，對我來說反而是充滿正面的結論。我沒想過一個平凡的大學生，後來會變成跟輪椅為伍的人；也沒想過原來自己說的話與行為可以稍微有一點點影響力，帶給別人一些解脫。

我不想當什麼別人口中的生命鬥士，更不是什麼陽光派、積極派的代言人，我其實只是在做自己。更沒想過這樣的我可以寫出一本書，把自己的故事傳遞給許多在人生各階段需要休息一下的人。

未來的我，想要變成怎樣的我？

我最親愛的朋友LingLing曾經問我一個問題：「如果人生是一本三百頁的書，你覺得你現在寫到第幾頁呢？」

這個問題，我們討論了好久，我也思考了好久好久。最後，我的回答是「一百頁」。

Lingling很驚訝地說：「代表你這麼精彩、豐富的過程，只是你的人生三分之一而已，你還可以再活出怎樣的三分之二呢？」

對啊，我，何秉錡，今年二十九歲，是一個輪椅族，活到現在好像有點精彩，做了很多連直立人都不敢或沒想過要做的事。

但世界這麼大，可以玩的事情這麼多，跟輪椅族或直立人根本一點關係都沒有。如果我的人生才剛剛活了三分之一，那不是還有三分之二的時間可以盡情探索嗎？

這樣想起來，就覺得還有好多事情可以玩、好多事可以無止境嘗

試，好多親情、愛情、感情要好好珍惜啊！我就是一個想好好探索這個世界的二十九歲有為青年啊！（不是嗎？）

我當然還要再往前挑戰，走出台灣去看看這個世界。未來要變成怎樣的我呢？我想改變大家對於輪椅族的看法，希望在未來，這個社會上的大家看待輪椅族，像是男女性別、長髮短髮一樣，或是推著娃娃車的家長，只是一種模樣差異而已。

異樣、同情的眼光真的可以收起來，雖然我已經可以大方地不在意別人看我的視線，但非常多的輪椅族還是在意，也成為他們走不出家門的原因。

我真心期盼，大家可以更理解這個社會有非常多的需求，坐不坐輪椅都不會有阻礙，能做以前喜歡的事情，想吃的餐廳門前再也不會多幾階階梯，想看的電影再也不會只能坐第一排，頭仰到連頭皮都發麻，讓「通用設計」、「共融空間」的概念真的落地。

如果有一天——

成為輪椅族後，二十九歲的我在這十年內，經歷了很多、學得很多，也成長了很多。我不會去想五年或十年後的目標，我也不喜歡設目標；有了目標，到最後沒能達成就會失落。

可是，我會盡全力去做想做的事，並且積極付諸行動。我不一定要達到什麼樣的成就，但在盡全力的過程裡，沒有期望反而會獲得更多的希望與驚喜。

有時，有規劃不一定是件好事，沒有規劃的事情反而會有更多不同的收穫。在自己用盡力氣努力的過程中得到的快樂與滿足，就是我最享受的部分。

我相信，總有一天我一定會站起來，用各種方式。在可以預期的未來裡，科技與醫學不斷飛速進步，未來一定會有方法讓我重新站起來。這部分我非常相信，也衷心謝謝我的主治醫師——榮總神經復健

科的蔡昀岸醫生。

他是一位非常有同理心的醫師，時常幫我解決、解答身體上出現的大小症狀，讓我知道要慢慢來、耐心等。那些目前的雞尾酒療法、脊椎神經重建、幹細胞治療等，時不時都會有人來詢問我要不要試試看，但蔡醫師給我一個非常好的觀念——他說每一次的手術都是一次風險，要我耐心等、不要急，等待醫學成熟後，有一天，一定會出現最適合我的方式。

那麼如果有一天，我站起來了，會怎樣？

這個問題我也思考了好久。如果未來可以走路了，我想我的第一句話會是：「頻道解散。」椅人已經不再坐輪椅！或者改頻道名字好了，我還是有好多想跟粉絲小椅子們分享的事。

而如果有一天我站起來了，我想做的事就是「跑步」。小時候的我沒有特別喜歡跑步，只是跑得比一般人快，後來跑步就成了我的「專長」。受傷後，跑步這件事情當然完全沒辦法執行了。

所以，如果真的有那麼一天的話，我想要赤腳去跑步，想要感受腳踩在地上的溫度、草滑過腳趾的觸感。去海邊踩著沙子踏著浪的感受、被浪打在腳上的觸感，用兩隻腳一步一步把自己身體帶往前的感覺，我已經忘記了。

我真心相信，那一天會到來。

那場車禍，造就了現在的我

我喜歡自己現在的樣子。

在心靈上，我正向、積極、活躍、回饋滿滿，甚至明白我有了影響他人的人生與突破的能力。在工作上，我想要有一天可以賺很多錢養我爸媽。他們為了我太辛苦了，我希望有一天能夠成為支撐他們的力量，讓我成為他們的驕傲。

我永遠記得，有一次去高雄青年職涯發展中心演講，到了最後的現場互動時間，一位中年男性舉手發問：「請問椅人，如果時光倒流，你還會讓這場車禍發生嗎？」

當下，我知道有許多人倒抽一口氣、交頭接耳，覺得他問這題非常冒犯我，也很不禮貌。

但我並不這樣覺得，倒是覺得問得滿好的。我說：「我還是會讓這場車禍發生。因為這場車禍，我學到了很多很多、超出意料之外的事情。如果沒有這場車禍，我可能還是一個屁孩，一個不知道在幹嘛的人。我相信命運就是這樣，就算避免了這場車禍，也可能還會有別的事情會發生。」

我就是一個這樣的人，理直氣壯地活到了現在，活成了現在的樣子。沒有那場車禍，就不會認識大家，就不會出這本書，也不會有現在正在看書、看到這行、這個字的你。歡迎大家按讚訂閱分享椅人頻道，開啟小鈴鐺！（哈！強行置入）

謝謝此時此刻看到這裡的你。
我愛大家、大家愛我。
能站儘量站，請幫我點讚。
能享受儘量享，請幫我分享。
看完有感覺，請幫我訂閱。
我是Leo aka Chairman 椅人。
我們下次見！掰！

我，何秉錡，Leo aka Chairman 椅人，
今年二十九歲，是一個輪椅族，活得好像有點精彩，
做了很多連直立人都不敢或沒想過的事。

但世界這麼大，可以玩的事情這麼多，
跟你是輪椅族或直立人根本一點關係都沒有。

我理直氣壯地活到了現在
我喜歡自己現在的樣子。

那些沒有說出口的，寫在最後

透過這本書的梳理，我也重新回顧了一次將近十年的人生歷程。十年前，那個還以朋友為主軸、以自己為思考中心的我，在這十年間，有了大家口中所謂的「巨變」。

很多人採訪我的時候，第一個問題都是：「你怎麼有辦法在這麼短短的時間內就讓自己好起來，甚至走出自己的舒適圈，這麼勇於嘗試與擁抱世界？」其實這個問題最最根本的答案是：「因為，我擁有世界上最棒的爸爸與媽媽。」

朋友曾經問過，我心目中所有情感關係的排行榜，我超級理所當然地把「親情」排在第一名，且遠遠大於愛情與友情。此時此刻，我能變成這樣的我，最大最大的功臣絕對是我的爸爸與媽媽。（雖然今年我真的太忙了，很少顧到親情，爸媽我抱歉～～）

在這本書的最後，我想要謝謝我的爸爸與媽媽。

從小，我就不是一個很聽話的孩子。雖然也沒學壞，但從小到大我是真的浪費了爸爸媽媽好多的眼淚、心力，還有錢。

小時候，爸媽花大錢讓我去學了六年的鋼琴，現在幾乎全部忘光光，連雙手彈鋼琴都不會了。幼稚園時，我橫衝直撞把同學的手撞斷了，是爸爸媽媽來賠罪道歉，把我帶走的。

到了小學，我開始叛逆，蹺課不去安親班，甚至不去上課就賴在圖書館裡。雖然現在還是長成很好的樣子，但我知道，當時媽媽與爸

爸經常被我傷透腦筋，不知怎麼辦才好。

國中時，因為喜歡的朋友要去讀華興中學，我也吵著要去讀，爸媽也就順著我讓我去唸私校（看吧～～真的又花了你們好多錢）。國中放飛的我更開始超級叛逆，甚至經常接到老師電話，要他們到學校去跟老師、同學，以及家長們道歉。

高中更是變本加厲，離家出走好幾次，每次學校打電話到家裡都是來「客訴」。而我也幾乎沒給爸媽什麼好臉色看，常常左耳進右耳出，更常常說些難聽的話、叛逆的發言。

我也偷抽菸、被教官抓、被警察抓。高中讀了四年，被記滿超過三支大過，即使再重修還是被當，最後也沒畢業，只領到了一紙肄業證書，讓爸媽失望、讓他們哭了好多次。

從小到大，我沒得過什麼獎，每次爸爸媽媽被叫去學校都是處理我做的壞事。別人的家長都是去領獎，我的爸媽卻是去領我回來。

我真心抱歉。

我要謝謝爸爸。

爸爸，雖然你不擅言詞，是個什麼都不太講出口，在家也總是扮黑臉的人，但我知道你總是獨自扛下很多超級苦的事情。

我知道你很愛我，在我出車禍受傷住院、那漫長的八個月裡，你為了我扛下、打理醫院外的一切。白天，你忙著上班處理工作大小事，還要幫我蒐集所有證據與資料、打官司、調醫療資料與申請保險，甚至查遍了所有關於我的傷勢的資訊。

到了晚上，你一下班就放下所有一切趕來醫院，買飯給我們吃，一面照顧我和被我傷透心的媽媽。甚至在這麼漫長的時間裡，媽媽都在醫院陪我，你就算回到家也只有一個人，沒人能訴苦與陪伴。

那段時間的你該有多孤單與傷心，卻一個苦字都沒說過。

更謝謝爸爸在我受傷後還願意帶著我跟媽媽一起出國，我們總是

挑戰最麻煩的「自助旅行」，而你總是自己一個人開車載我們去看世界。遇到斜坡，你會推著我氣喘吁吁地前進，扛著大小行李也從不喊累。爸爸帶著我看了全世界，跟在你的身邊，我永遠都像是個被照顧好的小孩，你是我的英雄。

現在的我不能下樓梯，也謝謝爸爸總是揹著我回家，因為家裡地勢的關係，要進家門的那幾階梯，需要你每次把我揹進揹出。

十年來，我看著你的背影獨自撐起我，從可以輕鬆把我揹起，到現在逐漸有了吃力的感覺，我真心抱歉無法分擔你任何一部分的壓力或苦力。

爸爸，你是我的偶像，從小到大一直都是，永遠都是。

METRONOME PRAGUE
MUSIC AND ARTS FAIR
VSTUPENKY
KUPUJTE
NA METRONOME.CZ

我要謝謝媽媽。

媽，真心謝謝妳，也對不起，那些為我流下的無數次的眼淚。雖然我總是說妳囉唆，總覺得妳擔心過頭，常常跟妳拌嘴與頂嘴，但我都知道妳是為我好。妳永遠都把我擺在最前面，把我的事情當成自己的事（也把我的朋友當成自己的朋友～～哈）。

因為有妳的愛，我可以恣意長成想要的、自由自在的樣子，不論是受傷前那個任性妄為的我，還是受傷後想嘗試什麼就去做的我。妳總是在我超級忙不過來時，一通電話就無條件應援我所有事情，也不阻止我想行動就行動的衝動。

妳的擔心與不安，我都懂，因為有妳那麼那麼多的愛，才有我這麼強大的心靈，得以變成現在的我。

被妳養成媽寶的樣子，我很幸福。

我常常在一旁看著爸爸媽媽的行動，感到又好笑又窩心。即使爸爸媽媽不懂ＹＴ流量的演算法，但我知道你們會花一整天的時間開著我的頻道，讓影片一支又一支地輪流播放，用你們的方式來應援我的工作。無條件支持的心意，都讓我滿滿地感動。

我也常常聽見爸媽在跟朋友聊到我時，時不時就學著我說「歡迎按讚、訂閱、開啟小鈴鐺」來要求朋友，用你們的方式瘋狂分享關於我的大小事。

我知道爸爸媽媽絕對不是在我受傷之後才這麼愛我，但以前的我不懂事，你們從來沒有變過，付出給我的愛也從來沒改變過。改變的是我，歷經了那一切之後，才真真正正張開眼，看到閃閃發光、爸爸媽媽的愛，溫柔地包圍著我，即使自己再累、再辛苦或辛酸也咬著牙，放下自己的人生支撐我。

爸媽，從小到大每次遇到我的事情都是鳥事、壞事，都要道歉與收拾，甚至讓你們承擔著我經歷那場巨大苦痛。

收拾，甚至讓你們承擔著我經歷那場巨大苦痛。

那麼，現在的我，有成為能讓你們驕傲的模樣了嗎？

以前常常聽人說祝福的話，覺得很八股、很無聊，但現在的我真心誠意地想向上天祈求：我希望我的爸爸媽媽可以「健健康康、長命百歲、快快樂樂，不要再有什麼大煩惱與痛苦」。希望這個兒子不再讓你們擔憂與流淚。

此時此刻的我，非常、非常希望這個幸福能持續下去。

Bonrich

謝謝你們，出現在我的生命中

九年前的今天，二〇一五年的十二月二十七日，我的人生出現了一場誰也沒料到的大意外，澈澈底底改變了我的人生。我成為了現在的模樣，也成為了大家口中的「椅人」。

有時候，我深深相信這是註定的事情，即使時間倒轉再來一次，可能我躲掉了，還是會有其他重大事件發生。但有時候的我卻又覺得，來吧！就讓這些事情迎向我吧，我一點都不想無聊，不想平平淡

淡，我會正面迎擊！

沒想到這樣的我，經歷過這一切後，竟然也能重新站起來（好吧我沒有站！）；沒想到這樣的我，也能把自己的故事仔仔細細地記錄下來，希望這樣的自我坦白陪伴了正在閱讀的你，走過人生的某個階段。這本書裡坦然地描述了那些在我遭遇重大變故時遇到的人事物，我真心地感謝他們陪我走過這一段人生低谷。

書的最後，我還想感謝一些我沒能好好用嘴巴說出口的人，謝謝這些人出現在我的生命中。

我想謝謝高中欸告們和其他麻吉，你們是我的超級好朋友。我知道出車禍的那天晚上，你們全部衝到醫院來看我。在我渾渾噩噩、枯燥復健的日子裡，也是你們經常來醫院陪我、照顧我，甚至偶爾代替我爸爸媽媽在病房裡陪我，分擔他們的憂愁與壓力。

謝謝你們一路陪伴我到現在，在我受傷之後並沒有拋下我，讓我

知道不管我變成什麼樣子，我們依然還是我們，謝謝我這群好哥兒們的不離不棄。

我也想謝謝那些曾經在我受傷住院時，所有來看過我的每一個人，不管是親戚、朋友，甚至是朋友的朋友。住院時，大部分時間的我都不在狀況內，因為嗎啡的關係，我的精神恍恍惚惚，甚至可能心情不好而臭臉，沒有好臉色。

但現在回想起來真心感謝大家，願意付出你們的時間來關心我、到醫院探病，我衷心地謝謝你們每一個人對我的付出。

也謝謝在那段期間照顧我的台北榮總、振興醫院、陽明醫院的醫師與護理師。沒有你們的細心與耐心，不會有這麼快好起來的我。

感謝我的中醫師陳醫師，謝謝你在第一時間得知消息後，立刻放下一切來醫院看我。陳醫師是從小到大照顧我們的中醫師，是個超級溫暖的人，每次都盡所能地幫助我們一家人。謝謝你對我的付出與關愛，有你真的讓人好安心。

我也要謝謝住院那段期間遇到的所有傷友，不管是一起住院的，或者回來醫院復健的你們，讓我意外地在年輕傷友的身上得到了一些救贖。謝謝你們讓我知道，原來接下來的人生好像沒有那麼難，原來變成這樣的我也可以過回所謂正常人的生活，在你們身上，我看到了一些希望與未來。

我還要謝謝我的狗狗米魯。米魯在我出院回家後沒幾天，突然意外離世了。

米魯離開的那天，爸爸、媽媽、我跟米魯很慎重地在庭院裡，拍下一張「全家福」大合照。我深深相信米魯是代替著某部分的我死去了，讓我得以用現在這樣的方式繼續好好生活著。米魯，你很棒，你永遠都是我們家的一分子，謝謝你對我的付出。

最後，我要謝謝我自己。

一九九五年二月四日從媽媽肚子出來，出生時還過重、三千五百公克的我，成長到現在這樣二十九歲的何秉錡。

我謝謝出事當時的自己堅持著、挺了過來，幽默感沒有被恐怖的意外抹滅，想探索世界的心也沒有因為只能坐在輪椅上而受困。我謝謝自己這麼喜歡嘗試沒試過的挑戰。

其實我知道自己大可躲在媽媽的庇護網裡、舒舒服服地過日子，但是我沒有。我總是做好多跳脫舒適圈的事情，做很多大家覺得危險的事。謝謝自己這麼叛逆，我謝謝自己不想被那麼保護著，謝謝自己總是想要去做些大家都說看起來不能獨立完成的事情，更謝謝我每次遇到挫折時都會自己想辦法解決，而不是向下沉淪或自怨自艾。

我也要謝謝二〇二四年的自己。這些年，我又成長了一些，辦了一些活動、做了一些事、開了一間店。今年的我開始能一個人去吃飯、一個人住飯店、一個人出差去演講，甚至一個人去酒吧喝酒也很

ＯＫ，今年的我已經是一個不一樣的我。

對了，我還出了一本書。

謝謝現在的何秉錡，偶爾消沉、偶爾瘋癲、偶爾超認真，總是盡全力去做想做的事，長成還算是讓大家喜歡的模樣。我總覺得，無論失敗或成功都會有好的收穫，因為成功是由自己定義的。

勇於去嘗試所有想做的事，因為沒試過，怎麼知道你不行！

國家圖書館出版品預行編目資料

椅人：沒試過，怎麼知道你不行！／Chairman 椅人（何秉錡）著

– 初版 . -- 臺北市：三采文化，2024.12
面： 公分 . --
ISBN： 978-626-358-550-8 （平裝）

1.CST: 自我實現 2.CST: 自我肯定

177.2 113016956

Mind Map 282

椅人

沒試過，怎麼知道你不行！

作者｜ Chairman 椅人（何秉錡）
編輯二部 總編輯 ｜ 鄭微宣 執行編輯｜戴傳欣 文字編輯｜陳玲玲
美術主編｜ 藍秀婷 封面設計｜方曉君
內頁編排｜ 魏子琪 校對｜周貝桂
行銷協理｜ 張育珊 行銷企劃主任｜陳穎姿
攝 影｜ AnewChen photo 內頁照片提供｜椅人、Story Wear（p.213、p.215）

發行人｜ 張輝明 總編輯長｜ 曾雅青 發行所｜ 三采文化股份有限公司
地址｜ 台北市內湖區瑞光路 513 巷 33 號 8 樓
傳訊｜ TEL:8797-1234 FAX:8797-1688 網址｜ www.suncolor.com.tw
郵政劃撥｜ 帳號：14319060 戶名：三采文化股份有限公司
本版發行｜ 2024 年 12 月 27 日 定價｜ NT$450